『公心节』日记

孟凡金 著

群言出版社
QUNYAN PRESS
·北京·

图书在版编目（CIP）数据

“公心节”日记 / 孟凡金著 .-- 北京 ：群言出版
社，2022.1
ISBN 978-7-5193-0586-4

Ⅰ. ①公… Ⅱ. ①孟… Ⅲ. ①纪实文学 - 中国 - 当代
Ⅳ. ①I25

中国版本图书馆 CIP 数据核字（2021）第 190953 号

责任编辑： 杨　青
封面设计： 北京卓伟博文印刷设计有限公司

出版发行： 群言出版社
地　　址： 北京市东城区东厂胡同北巷 1 号（100006）
网　　址： www.qypublish.com（官网书城）
电子信箱： qunyancbs@126.com
联系电话： 010-65267783　65263836
经　　销： 全国新华书店

印　　刷： 莒县三彩印务有限公司
版　　次： 2022 年 1 月第 1 版　2022 年 1 月第 1 次印刷
开　　本： 710mm × 1000mm　1/16
印　　张： 10.75
字　　数： 118 千字
书　　号： ISBN 978-7-5193-0586-4
定　　价： 48.00 元

序

继2015年在《中国作家》发表报告文学《公心谱》之后，凡金同志又出版了这本关于岳家村公心文化的专著《“公心节”日记》，可喜可贺。因让我作序，故得提前统览全篇，深感荣幸。捧读的过程，又是我追忆往事，身心受到洗礼的过程。

岳家村是山东省日照市莒县的一个小村庄，坐落在水草肥美、风景秀丽的沭河西岸。自明朝正德年间岳氏立村，500多年来，一代代岳家村人在此辛勤劳作，繁衍生息。村庄也由十几口人的小村发展成1500多口人的大村。然而，发展来发展去，岳家村却依旧跳不出土屋草房、弯街窄巷、晴土雨泥的“脏、乱、差、穷”困局，赶不上时代前进的步伐。1984年，年仅29岁的许传江走上村党支部书记岗位。为了一句“有饭吃、有活干、一碗水端平”的承诺，他和村“两委”一道紧紧把握时代脉搏，勇立改革开放潮头，坚持以公心思想为治村之本，秉持“公心育人、文明兴村”的发展理念，处处以“公心向党、公心为民、公心处事、公心律己”为行为准则，始终坚持以公心思想凝聚力量、以公心文化启迪心智、以公心精神提升境界、以公心标准规范行为、以公心成果惠及百姓，全村干群团结，风清气顺，村级经济和社会事业得到了快速发展。30多年来，岳家村基本实现了居民知识化、发展城市化、环境生态化、管理民主化和老年需求供应制的“四化一制”目标。岳家村先后成为全国文明村、全国先进基层党组织、全国敬老模范村、全国小康建设明星村；许传江也成为全国劳动模范、第十三届全国人大代表。这一切都是来源于两个字——“公心”。

2001年，为进一步宣传和弘扬公心思想，使公心思想在全社会开花、结果，在许传江和社会各界热爱公心事业的有识之士的倡导下，岳家村成立了公心联谊会，并确定每年的11月1日为岳家村“公心节”。“公心节”以村干部登台述职，表公心、亮公心；群众点评质询，评公心、议公心为主要内容，鞭策干部群众牢记“公心育人、文明兴村”的发展理念，做到利益面前体现公心、无私奉献践行公心、群众评议见证公心、各界参与弘扬公心。

“公心节”上会同时进行文艺汇演和征文、诗会、笔会等活动，以丰富“公心节”内容，让参与者于快乐中享受公心文化的盛宴。“公心节”至今已经举办了20届。年年有新主题，届届有新突破。20年奋斗，20年发展，20年砥砺，20年升华。如今，“公心节”已成为莒县干部群众共同的节日。

出于对岳家村人艰苦创业事迹的感动、出于对公心文化的挚爱、出于对许传江同志的敬佩，也出于一个共产党员的职责，凡金同志深入聚焦公心文化，精心撰写了《“公心节”日记》一书。为了使内容更加丰富多彩、生动感人，他积极采访，以激荡的情感、独特的视角、翔实的资料、细腻的笔触、朴实的语言再现了岳家村“公心育人、文明兴村”的美丽画卷。

一卷在手，读者身心必将在如饮醇醴、如食甘饴的过程中受到洗礼，也必将从一件件纪事中、一个个小故事里，追寻到公心文化潜移默化的育人功能和凝聚人心的巨大力量。

2021 年，中国共产党迎来百年华诞，岳家村也会举办第二十一届“公心节”，本书的出版必将为盛事再添光彩！

权为序。

山东省莒县公心文化研究会会长　刘庆贺

2021 年 5 月

目录

第一届“公心节” 公心成大事 福传后世人

2001 年 11 月 1 日 星期四 晴

2001 年 11 月 1 日，岳家村首届“公心节”暨中国公心联谊第一次代表大会在岳家村村大院会议室举行。许传江、李卫东、刘光义、许衍坤、倪伯瑞、倪守涛等参加，主题是：公心成大事，福传后世人。

◆ 2001 年公心纪事

2001 年 4 月 1 日，中央农村工作领导小组王石其、中央政策研究室局长高义一行，在省、市、县领导陪同下来岳家村调研。4 月 26 日，中央党建工作领导小组副组长、全国“三讲”教育联席会议负责人、中央组织部原部长张全景一行，在省委组织部领导及日照市委书记夏耕、副书记邵长福、组织部部长李敏，莒县县委书记解世增、县长陈刚等陪同下，到岳家村检查指导“三个代表”学习教育活动和农村基层党组织建设情况。4 月 28 日，村支部书记许传江应邀赴北京人民大会堂，参加由中央国家机关工委组织的市级以上劳动模范大会，并参加招待宴会。5 月 9 日，省委副书记陈建国在日照市委书记夏耕、副书记邵长福、组织部长李敏及莒县县委、县政府领导陪同下，到岳家村考察调研。7 月 10 日，省委常委、政法委书记高新亭，在市、县有关领导陪同下来岳家村检查综合治理工作。8 月 16 日，时任中共中央政治局委员、山东省委书记吴官正在市、县领导陪同下到岳家村调研。

“八月十五过中秋节，腊月三十过大年，这前不节后不年的‘公心节’是什么节日呀？”父老乡亲们带着疑问来到了会场。

采访中，许传江回忆说：“第一届‘公心节’‘公心成大事，福传后世人’的主题是我反复思考后确定的。我曾无数次自问，‘公心成大事，福传后世人’我自己能做到吗？我心里也是七上八下，没有底。我那时虽然有干事创业的激情，但毕竟这个摊子问题太多了，困难太大了，事情真不好办，但我后来想了想，横下一条心必须干，还必须干好。好歹经过这些年努力，村子有了些起色，村民有活干了，吃上饭了。‘公心节’上，我就带头做了述职、表了公心，群众质询，评公心、议公心，‘两委’干部依次登台述职，很成功。从此，‘公心节’就成了鞭策村干部、激励广大党员讲公心、议公心、评公心的舞台。”

◆ 公心故事一

“你的汇报不受时间限制”

2001 年 8 月 16 日，骄阳似火，这一天是岳家村人难忘的日子。上午，时任中共中央政治局委员、山东省委书记吴官正在市、县领导的陪同下来到了岳家村。

吴官正一行首先来到了村民许衍坤的家。许衍坤家的小院里群花斗艳，室内凉风习习。他们详细查看了室内的摆设，当看到新式沙发、煤气灶以及一应俱全的家用电器后，领导们脸上露出了笑容。许衍坤激动地说：“多亏了党的领导，我们现在的日子越过越红火。”

随后，大家来到了新近启用的村办公楼会议室听取许传江的工作汇报。汇报前，陪同的一位领导对许传江说，领导活动时间安排得紧，汇报不要超过 10 分钟。许传江先汇报了从 1984 年他当选村党支部书记后，为达成村民提出的“有活干、有饭吃、一碗水端平”的三个要求，带领大家在沭河河滩上翻土压沙、架电引水、外出考察学习筹建蔬菜大棚，以及创办油漆厂的事，然后他又汇报了为彻底改变“脏、乱、差”的村容、村貌和克服各方面阻力进行旧村改造的工作。这时，时间已经超过 10 分钟了，领导示意他停下来。可是吴官正听得兴致正浓，他对许传江说：“继续说，你的汇报不受时间限制。”许传江就汇报得更有劲了，他接着说：“作为一名村干部，首先要找准自己的位置，搞清楚入党是为了什么，村干部是为谁当的；要明白群众满意就是我们最好的期望，群众的赞许就是我们最高的荣誉；要把‘公心为民’作为立身之本，要做到靠清白站稳自己的脚跟、靠实干树立自己的形象、靠真诚赢得群众的信赖；要敢于吃苦、吃亏、吃气，要真正做到无官心、无傲心、无私心……”吴官正对许传江的汇报和岳家村的工作非常满意，会后他还拉着许传江的手合影留念。

◆ **公心故事二**

一个“穷、懒、乱、差、偷”的村庄

许传江，中等身材，大脑门，国字脸。他从 1982 年开始担任岳家村主职干部，1984 年任村党支部书记，至今已有 37 年。

据《莒县县志》记载：“岳家村，莒城东北 2.3 公里。明正德年间，岳氏从河南汤阴县岳家巷子先迁山西后徙莒，长支分居岳家村，主要姓氏有许、李等。”

昔日的岳家村穷困破败，据村民许衍坤回忆：解放前夕全村 500 多口人，土地 1200 余亩，但是 80% 的土地都是河沙滩、涝洼地，旱时浇不上水，涝时排不出水，只能种些黍子、高粱、稷子之类的五谷杂粮，水稻、小麦等主要农作物很少。全村人均百余斤粮食，过着半年糠菜半年粮，吃了上顿没下顿的穷日子，遇上灾荒年份只得外出逃荒要饭。村民的住房状况，那真是破烂、低矮、黑暗、潮湿、拥挤、脏乱。土打的墙两米高，麦秸、穇秸等苫顶，如遇暴雨天，这边“砰噔”倒墙，那边“哗啦”屋塌。

1945年夏天，几天暴雨，村东的沭河水位暴涨，全村壮劳力都在河堤防守，到深夜时河堤决口，洪水涌进村里，没过膝盖。此时没人敢在屋里，只能冒雨在外躲避。街上的柴火垛随水漂流，房屋倒塌200余间，大量农作物被淹，损失惨重。

直到改革开放前，村民的生活水平仍然很低，“进了岳家村，花篓不离身，晴天飞沙土，雨天泥一身。土屋茅草房，巷子窄又长，夏天满街泥，冬日如冰场。”因为小麦稀少，大家只有盼着过年时吃顿白面包子。每到春天青黄不接时，野菜、树叶子就成了主食。冬天，全家人一床被，每人只有一件棉布衣裳，只好老大穿了老二穿，补丁摞补丁，生活状况依然贫寒。

过去村民因为懒惰而被人瞧不起，再加上小偷小摸现象时有发生，岳家村的名声并不好。比如，秋天邻村地里尚不完全成熟的玉米被掰走了，刚刚成熟的花生被薅走了，受损农户就会不加思索地说：“肯定又被岳家村的人偷去了！”这毋庸置疑的“肯定”再加上一个“又”字，着实让岳家村人脸上无光。

“你家晚上把鸡抱屋里了吗？羊拴床腿上了吗？”

“抱了，拴了。”

“你家呢？”

“抱了，拴了。”

这是邻居见面时经常会出现的对话。乍听起来是不是感觉一头雾水？事情原委是这样的：

过去村民住平房，每个家庭无论大小都有个院子，土打的墙都很矮，很多连大门都没有，只好用树枝编制成“大门”。为了柴米油盐的花销来源，家家户户都会养几只鸡下蛋卖钱。尽管收入微薄，可那也是一个挣钱的渠道，但这鸡会被游手好闲的人盯上。所以到了晚上，只有把鸡抱到屋里、把羊拴到床腿上才安全。

人穷志短，越穷越懒。一个“穷”字，导致本村的闺女向外跑，外村的姑娘嫁不来，光棍满街窜，整天胡捣蛋。再就是村干部“拔了棉花柴，支书下了台”，一年换一茬，村民没有主心骨。生活的奔头在哪里？岳家村的路在何方？

◆ 公心故事三

穷家难当

悠悠沭河水，哺育岸边人。1984 年，29 岁的许传江当上岳家村党支部书记时，村“两委”连间办公室都没有，他只好在家里或在沭河岸上开会研究工作。他还接手了 7000 多元的债务，在那时，这可不是个小数目。在农村，村集体的债务每个村民都有份，这让许传江心里实在不是个滋味。

“传江呀，‘穷家难当’呀，难道你不懂这个理儿？再加上这是个烂摊子，你傻了，怎么答应这门子差事，村里比你本事大的人有的是，你快让给别人干吧！”

“我是个共产党员，全体党员选了我，我就得干，还要干好，我实在是不忍心看着咱村再这样穷下去、乱下去。”面对妻子的担心，许传江的态度非常坚决。

许传江给我讲过一个光棍汉的故事：刚当上村党支部书记后的一天，一个喝了酒的光棍汉醉醺醺地跑到他家里要饭吃、要媳妇。这个汉子是个无业游民，家里穷得叮当响，快40岁了还没娶上媳妇。邻居给他介绍了一个对象，可女方来相媒，看了一眼就走了。因为他家里尽管养着鸡、狗、鸭、鹅，可院子里全是臭泥水，落不下脚。屋里除了用泥块撑起的土炕和用砖头垒砌的灶台，啥都没有，你说人家来怎么过日子？

这样的故事还有很多，许传江肩上的担子很重。他这个书记该怎么当？挣钱的路子该怎么找？黎明时分，曙光托起的太阳冉冉升起。沭河岸堤上，许传江踱来踱去，冥思苦想着。

◆ 公心故事四

老党员的力量

采访期间，我有一次和许传江漫步在公心文化广场上。

“许书记，我看这广场上的鱼池不大，里面鱼却不少。”

“没有鱼的池子还叫鱼池啊！”

我俩爽朗地笑了。

“据说，你上任时压力很大，最大的压力是什么？”

沉思片刻，老许说：“最大的压力是怎么满足父老乡亲‘有饭吃、有活干、一碗水端平'的愿望，我这个村党支部书记怎么干，当时心里没底，但是有两件事情让我永记心头，我认为那是公心的力量之源。"

许传江说的两件事都发生在两位新中国成立前入党的老党员身上。一件是他刚当上村党支部书记时不知该怎么开展工作，于是他跑到16岁就入党、抗日战争时期屡立战功的老党员许世炎家里请教。老人语重心长地对他说："传江呀，我知道这会儿你犯愁，但我信得过你，大伙儿信得过你，只要你待人公心、处事公道，就一定能当好这个村党支部书记。"老人家的一番话，温暖了许传江，也激励了他，给他增添了力量。

第二件事也时常在许传江的脑海里翻滚。1985年春天，许传江上任不久，抗美援朝老战士王光彦的孩子患了重病，无钱医治。许传江号召村"两委"成员凑了1000块钱送到王光彦家，老人坚决不收，再三地说："传江呀，现在日子太平了，比起牺牲的战友，我能活着回来已经是万幸了。现在党和政府每月发给我100多元的补贴，这比起左邻右舍，够享福的了。现在村里发展需要钱，你拿回去用在大家的事上，我更高兴。"尽管许传江一再解释这是村"两委"成员凑的，不是集体的钱（当时集体也没有钱），可老人还是坚决不收。

老党员、老革命敬爱党、感恩党、信任党的这种精神，深深地印在了许传江的脑海里。他对我说，那是他上任以来的第一次流泪。在这些年的发展中，老党员们始终秉持公心，出谋划策帮着干事，时时刻刻关心、支持村"两委"的工作，一直以来，许传江非常感激这些老革命、老党员。

◆ 公心故事五

有饭吃、有活干、一碗水端平

许传江上任伊始，村民的要求并不高，只是盼着有个好的带头人，领着大家“有饭吃、有活干”，做事能“一碗水端平”，逐步过上好日子。看似很普通、很简单的心愿，可在当时一穷二白的岳家村，这个愿望既不普通也不简单。

在第一次党员大会上，一位党员对许传江直言：“咱村的干部一年换一茬，满怀激情上台，灰溜溜下来，你打算怎么干下去？”

“必须一碗水端平，干就干出个样子，让老少爷们儿有饭吃、有活干，过上好日子。”许传江的表态直截了当，掷地有声。话音刚落，会场上就响起热烈的掌声。

“山重水复疑无路，柳暗花明又一村。”从现实出发，两手抓，两手硬，一手抓“治乱”，即整顿村风；一手抓“治穷”，即搞种植促副业。许传江找到了撬动村集体经济发展的“支点”。

首先是“治乱”“拢人心”。面对由“穷、懒、乱、散、偷”导致的无组织、无纪律、无约束的混乱局面，许传江第一步是征求老党员们的意见，第二步是召集村民小组长开会、讨论，第三步是召集部分青年开座谈会。经过多渠道征求意见、了解情况、把握动向，许传江心里有了底，更有了信心。村“两委”研究制定了当时的“治乱”措施，那就是“教育一部分，打击一部分，帮扶一部分"的村风整治暂行办法。同时制定了"连带责任"的制度，即以村民小组为单元，实行相互监督、相互帮助、责任共担、荣辱与共的村民小组责任制，并邀请公安有关人员进村讲法，以点带面进行宣传教育。经过一系列的工作推进，村里的风气短时间内就有了好转。

◆ 公心故事六

建大棚做豆腐

村里的风气稍有好转，许传江就马上抓起村经济工作。他带领村"两委"成员及部分村民四处奔波，寻找致富门路。寿光三元里村的蔬菜大棚基地让他们长了见识，得到了启发。

回来后，许传江带领党员干部在沭河边的河滩地里翻土压沙、改良土壤。为了让基本算是废墟的荒沙滩变成聚宝盆，大家昼夜奋战。"战天斗地治沙滩，建设大棚有活干""男女老少齐上阵，沙滩变成'聚宝盆'"的标语在大街小巷和工地上处处可见。那段时间，许传江天天泡在工地上，统筹指挥，带头苦干，并从三元里村请来了技术人员，精心指导。在大家的齐心努力下，多数村民都种上了大棚，当年一个大棚收入都超过了 1000 元，有劳动能力的还建了两个大棚，而且成了示范户。初战告捷，找到了致富门路，村民们都非常高兴。

针对多数村民都会做豆腐，许传江发动村民发展豆腐产业。许传江认为，现在改革开放了，不再割资本主义尾巴了，打造豆腐村的时机来了。于是，“要致富，做豆腐；要发家，动脑瓜”，这广告语式的宣传语迅速传开。

岳家村就又开始飘起了豆腐香，“卖豆腐喽……卖豆腐喽……鲜豆腐喽……”叫卖声传遍了大街小巷。周围四里八乡的人们，甚至全莒县城的人都能吃上岳家村的鲜豆腐。人有了活干，闲工夫也就少了，口袋里有了钱，就想挣更多的钱。大家看到了致富的希望，过上好日子有了盼头，整个村子歪风邪气少了，正气也就悄然而生。

发展蔬菜大棚搞种植业，岳家村人淘得了第一桶金；发动家家户户做豆腐，岳家村人又尝到了甜头。父老乡亲看到了许传江领导的班子有头脑、有办法、有公心，发家致富的信心更足了、干劲更大了。

◆ **公心故事七**

上工业项目

柳暗花明，沭水清漾，村情稳了，该上工业项目了。

于是，许传江背起煎饼卷，开始走南闯北寻商机。

从20世纪80年代中期到90年代，中国乡镇企业异军突起，岳家村搭上了这趟时代的列车。许传江带领一班人不怕跑腿、不怕磨嘴、不怕吃闭门羹，不辞劳苦，四处奔波，外跑项目，内筹资金。他凭着自己坚毅的创业精神和勇于担当的人格魅力，感动了客户，赢得了金融机构的支持。

加上村民的鼎力支持，村办企业从无到有，逐步发展壮大。

但万事开头难。1986 年，岳家村开办了第一个厂子——油漆厂。大家连凑带借筹集了 25 万元，将一个破大院改建成了油漆厂厂房。油漆厂好不容易建起来，可是由于技术不过关，产品质量不达标，油漆无法售卖，即使卖出去的一部分也被退了回来。

眼看着大伙的血汗钱要打水漂，许传江心急火燎。后来，许传江说：“当时自己感觉很绝望，那 25 万元是连卖鸡蛋钱都算在内凑起来的，要是打了水漂，自己在村里也住不下去了。所以，绝对不能放弃，我就是豁上命也要对得起大家。”

面对困境，许传江继续四处寻找出路。听说青岛有个赵工程师是油漆配方生产的专家，许传江喜出望外，决定请他来帮着解决技术难题。就在他准备启程去青岛的那天，孩子却生病发起了高烧。即使这样，许传江最后还是坚持去了青岛。妻子伤心地说：“你当书记搭上钱、搭上东西我都没有意见，可孩子生病你不能不管啊！”可当时许传江想，要是厂子垮了，自己就无法向老少爷们儿交代。他无奈地说：“孩子生病，我也难受，可我又不是医生，在家里也帮不上什么忙，叫别人带你们娘俩去医院吧。”

他几经周折找到了赵工程师的家，他本想把油漆生产的实际情况向人家仔细地说一遍，可没等他切入正题就被撵出来了。许传江一下子傻了，陷入了走投无路的境地。“开弓没有回头箭，这回我许传江就是赖也赖在青岛，我就不信感动了他。”许传江第三次登门，人家刚一开门，他“扑嗵”一声就跪下了。赵工程师急忙上前把许传江搀了起来，让到屋里。许传江说明了来意后，赵工程师感慨地说：“我还一直以为你是个体户托我卖产品呢，冲着你为老少爷们儿办事的劲头，这个忙我帮了！”赵工程师第二天就去了岳家村。

油漆厂在赵工程师的指导下迅速“复活”了，当年净利润就达到了7万多元。许传江的头抬起来了，岳家村人笑了。

油漆厂的成功，让岳家村人看到了希望，对未来充满了信心。2年时间里，他们一鼓作气，又先后建起了罐头厂、橡胶厂、服装厂等村办企业，而且全部盈利。随着村办企业规模的不断扩大，本村的劳动力不够了，外村的人来了，岳家村人的自主感、自豪感油然而生，对村干部的敬畏感也更深了。

岳家村的经济状况得到改善，许传江觉得进一步治理村秩序的时机到了。他把村规、民约更具体化、可操作化，将原来的单一约束机制扩大到民主监督机制。村民遵纪守法从强制到自觉，而这一转变的前提是村民有活干、吃饱饭。在潜移默化中，公心文化开始萌发。同时，随着村规、民约不断完善，岳家村的“公制”逐渐形成。

“村民能有活干、吃饱饭，过上好日子，就是我最大的心愿。”许传江刚当上村党支部书记时的这个表态，此时已经兑现。

公心故事八

想起那条泥泞的路

有活干了，吃饱饭了，村民的居住条件也应该改善了，许传江又有了新的打算。

1988 年 7 月的一天，城阳镇党委书记薄明安排我去岳家村调研该村兴办村办企业和旧村改造的工作。那时，全镇的镇办企业已形成规模，镇党委、政府提出了“以镇办带村办”的镇域经济发展策略。此时，对于发展村办企业岳家村已走在了前面、闯出了路子。同时，该村已着手实施旧村改造工作，这在全镇同样是走在了前列，值得总结推广。接到任务，我兴冲冲地骑上自行车，哼着小曲，向岳家村奔去。

可是，过了东关吊桥，自行车就不能骑了。夏天雨水多，羊肠小道，车不能骑，步行也难走。一旦遇上拖拉机路过，泥水飞溅，弄得浑身是泥点。走出东关，我推着自行车艰难地爬上了河堤。河堤上一米多宽的小路，两边长满了郁郁葱葱的棉槐条子，尽管路面铺了一层沙子，可仍是坑坑洼洼，好几处路段没法骑行。来到岳家村，自行车就更无法骑了，路上泥泞不堪，脚陷进去就拔不出来了。从镇党委到岳家村的 2.3 公里路程，竟用了 50 多分钟。在简陋的村“两委”办公室里，待我说明来意，许传江便滔滔不绝地畅谈起了村里的发展规划。尤其是拆旧房盖新房，他说他们村“两委”已经向广大村民做了大量的动员说服工作，这毕竟也是一件新鲜事，大家对统拆统建的认识需要一个过程。好在盖新房子村里给相应的补贴，村民接受得还快些，规划设计已经完成了各项准备工作，马上就要开工建设。

中午，许传江还把我邀请到他家里，宰了一只鸡招待我。虽然那顿饭已过去了 30 多年，虽然那条泥泞的路早已被宽敞明亮的柏油马路取代，但当时当景却一直镌刻在我的记忆里，永远不能忘怀。

◆ 公心故事九

走出泥潭的村庄

经过详细的规划、论证和筹备，1993 年春暖花开的时候，岳家村展开了轰轰烈烈的旧村改造工程。到当年年底，一排排整齐的红瓦房子、一条条宽敞平坦的硬化道路便映入人们眼帘。那个春节，家家户户的门楼上都挂上了大红灯笼，岳家村的每个人都喜笑颜开。

方便让给别人，困难留给自己。根据全村旧村改造规划，许传江原来住的地方比较平整，不需要削高填洼。可当他得知村民白凤五家的宅基地还需要拉土填洼后，就主动把自己家地让了出来，其他党员干部也纷纷让出了条件好的地方。村民们被他们这种公心为民的行为感动了，有的还流下了泪水。

这次旧村改造中，全体党员干部率先垂范，坚守公心，坚守“不让强者得便宜、不让弱者吃亏、不让一户掉队、不让不正之风得逞”的“四不让”准则。一切以大局为重，一切从公心出发，坚决做到公开、公平、公正，确保了相关工作的顺利完成。

先说建房。这次旧村改造打破了原来的居住格局，统一规划、统一进料、统一施工、统一监理。同时，村里成立了由党员代表、群众代表、村干部代表组成的工程检查监督小组，制定了相关职责，明确了任务，细化了分工，村民们也都进行了密切配合。

再说分房。众所周知，分房向来是最棘手、最头疼的事。然而，岳家村这次分房却既不棘手也不头疼。在外人看来这有些不可思议，原因其实很简单，那就是讲公心。分房前，许传江广泛征求村民的意见，并据此制定了具体的分房方案。方案中明确规定了选房顺序，第一批选房的是家里有残疾人或者家庭困难户、烈军属等的弱势群体，第二批是一般群众，第三批是党员，最后一批是村“两委”成员，最后一个是村支部书记。房子就这样风平浪静地分完而村干部的威望也由此又上了一个台阶。

春花秋月，冬雪夏雨。17 年的披星戴月，17 年的拼搏奋斗，17 年的丰硕成果，岳家村发生了翻天覆地的变化。到 2001 年，全村集体固定资产达到了 2000 多万元，人均纯收入达到 3850 元，这比许传江刚当上村党支部书记时增加了 20 倍。在这一蜕变的过程中，村“两委”干部经受住了考验，村“两委”的战斗力与凝聚力不断增强，全体村民的幸福感、安全感、自豪感、向心力以及团结合作的精气神显著增强。

村民富了，村风正了，岳家村已经从一个“穷、脏、乱、差、偷”的落后村一跃变成了先进村。实践证明，公心的力量是巨大的。爬过了山，淌过了河，历尽了千辛万苦，岳家村人步入了以依靠公心、践行公心推动发展的金光大道。

◆ 公心故事十

“公心节”成熟了

公心就是民心，就是万众之心，就是爱国之心。

一人有公心，众人都受益。公心成就了岳家村，岳家村的公心实践也得到了领导的高度重视和关怀。

岳家村人依靠公心走出了困境，在公心文化的探索与实践中不断丰富与升华，但是，这仅仅是迈出的第一步。

许传江后来又倡议成立“公心节”。村干部可以在“公心节”上表公心、亮公心，老百姓也可以评公心、议公心，这样岳家村人的人心才能更加收拢，才能更加聚集起来干大事。

回味“公心成大事，福传后世人”，10 多年的呕心沥血，10 多年的甜酸苦辣，许传江品尝了带领全体村民找门路、干事业的各种滋味，全体党员也又找回了一个党员的位置、价值和作用，大家从内心深处感受到了公心的力量。

第二届“公心节”　一公天下无难事

2002 年 11 月 1 日　星期五　多云

2002 年 11 月 1 日，岳家村举办第二届“公心节”，许传江、许家善、倪守涛、许传峰等 30 余人参加，主题是：一公天下无难事。这届“公心节”的另一个议题是讨论筹备岳家村公心理论研究会。

◆ 2002 年公心纪事

2002 年 2 月，岳家村荣获山东省精神文明建设委员会授予的“文明单位”称号。3 月，村民委员会换届，村“两委”成员实行交叉任职。许传江被选举为村党总支书记兼村委会主任。5 月 6 日，省委常委、组织部部长刘伟在市委副书记、市长李兆前，市委副书记李敏，市委常委、组织部部长周惠平等领导陪同下来村就“三个代表”重要思想学习、农业农村发展、家庭经济、村民就业等情况进行调研。7 月 2 日，村党总支书记许传江参加中共山东省委庆祝建党 81 周年暨“三个代表”学习表彰大会。

会上，许传江荣获“全省学习实践‘三个代表’重要思想教育活动先进个人”称号。9 月 30 日，岳家村荣获中央文明委授予的“全国精神文明创建工作先进单位”称号。12 月 20 日，省委常委、宣传部部长朱正昌，在市委副书记徐学武、宣传部部长孙海亭和县委书记解世增等领导陪同下前来检查指导工作。

◆ 公心故事

革命事迹激扬公心力量

岳家村的干部群众不只是在社会主义新农村建设的今天讲公心，在革命战争年代里也有为党和国家、为革命无私奉献的公心。

这天，我在岳家村采访了老党员许衍坤。我请他讲个过去的故事，这故事要与战争有关，他欣然接受。

1945 年，莒县城已经解放，日本鬼子和汉奸的残余势力龟缩到店子集的围子里。农历六月下旬的一天，八路军敌后武工队的四五个队员在队长魏兆常的带领下，在沭河以东庄科村村后秘密活动，被附近村的汉奸发现告了密，围子里的日本鬼子派一部分伪军经前西庄而进，日军骑兵从后西庄西进，形成合围之势。八路军武工队见敌人来势凶猛便迅速分散转移，队长魏兆常与一名队员想过河西奔岳家村，但很快被敌人发现，遭到伏击，一名队员牺牲。魏兆常腿部中弹，他拖着流血的腿，借助河滩边上的沙坑，左躲右闪，奔向河西岸的树林，然后一路跑到岳家村。此时，恰好遇上许衍宾的母亲。

他气喘吁吁地说：“大娘，我是八路军，被日本鬼子打伤了……”话未说完，老大娘连忙把他拉到家里，关上大门，包扎起了伤口，说：“这里不安全，万一鬼子追过来抄家就不好办了。你从这里往后，再往西拐到庙后的树林里躲躲吧。”

魏兆常就按照大娘的话躲了起来，到天黑才又回到了村里。庄长许衍宾、岳延堂先让魏兆常吃饱了饭，又安排了身强力壮的岳洪田、刘忠堂、梅呈桂、李春芳等 4 人用担架将其转移。

60 年前，岳家村的干部、群众勇救八路军伤员的故事未被遗忘，他们的英勇表现不是为了得到回报和褒奖，是公心、大义的精神促使他们这样做的。今天重讲这个故事，是让他们英勇的事迹得到传承，将他们舍生忘死的精神发扬光大，激励我们在建设社会主义新农村的大业中做出更大的贡献。

随着集体经济的不断壮大，村集体有了积累，村民们也有钱了。吃得好有钱花，人们对生活环境的要求发生了变化，旧村改造，对村民的吸引力很大。在这件事上投入是一个方面，关键还是如何解决好每户祖祖辈辈留下来的宅基地。如许传江的亲戚刘瑞三，继承了 6 分宅基地，如果进行旧村改造，他家就只能得到 2 分 2 厘的宅基地，全村这种占有失衡的户不少。村民对宅基地的位置也看得很重，这是旧村改造的第一大难题。

“用发展的眼光看问题，用辩证的方法解决问题，就没有克服不了的困难。”今天再说起 20 多年前破解这个难题时的情景，许传江如是说。

“那么具体是怎么解决的呢？”我忍不住问。

“当时村‘两委’多次开会研究，为了最大限度地让群众满意，我们放弃了用抓阄分宅基地的做法，而是由村里具体安排。优先安排劳力少、家底薄的困难户以及烈军属户到最好的地方去；劳力多、家底厚实、有农用车的家庭到稍差的地方去；村干部一律等群众挑完后再分宅基。”说完，许传江笑了起来。

我想：这也许是这位开拓者自我肯定的笑、是充满自信的笑；抑或也是他想起了20多年前在克服困难中饱尝到的酸甜苦辣的笑。那一次旧村改造总共建设了664栋样式一样的标准房子，家家通上自来水，硬化了两条15米宽的主街，五条10米宽的副街，统一绿化，村规民约、宣传标语统一上墙，还建了莒县第一个村级水上公园，供村民休闲娱乐，敬老院、卫生室、文化大院等公共设施同时投入使用。

至此，岳家村全面完成了第一次旧村改造，走出了泥潭的父老乡亲，生活在干净、舒畅、优美的大家园里，喜悦之情溢于言表。岳家村从此开始出现了“本村姑娘不外嫁，外村小伙倒插门”的现象，这在当地被称为“婚俗大变革”之岳家村新风尚。对于这件事，许传江认为：人都是讲究现实的，现在岳家村的工作条件、生活条件好了，闺女们不愿意外嫁是人之常情，更何况本村的小伙子也成了外边姑娘追求的目标。男少女多，怎么办？倒插门，男方来这里成亲落户。当然，这在过去是想都不敢想的事情。

“这些年，已有20多位上门女婿在我们村安家落户，对待这些主动上门的‘姑爷’，我们大度容纳，能够在就业、经营等方面发挥自己特长的，享受更优惠的村民待遇。”许传江说。

岳家村人不怕吃苦，有“自己的活自己干”的光荣传统。前几年，村里硬化街道、村庄绿化等基础设施建设，都是干部带领村民齐上阵干起来的。在村南北大街硬化的时候，年近 80 岁的老人王光彦驼着背、弓着腰，天天在工地上干些力所能及的活，并把省吃俭用攒下的 200 元钱送到村委，坚决捐款修路，其他的老干部、老党员和在外地工作的人听说后也都纷纷捐款。村里就用这笔钱在村前公园建造了公心阁，这成了岳家村人讲公心的见证。

许传江经常被邀请到外地作报告，他常说：“一个村庄就像一个家庭，当支部书记就像当家长，当家长的都想让家里人过上好日子，自己的爹娘、孩子过不上好日子，心里什么滋味？要想让大家过上好日子，就得天天琢磨点子，找路子，谋发展。”

是的，正因为他这么想，才会这么做，这是他当支部书记的出发点和落脚点。

“一公天下无难事”，第二届“公心节”的主题令人难忘，但也有人对这句话表示不理解，提出质疑，许传江说：“我是一名普通的共产党员，只要我的心是火热的，我的思想是正确的，为老少爷们干点事就不难；只要用心，只要讲公心，我们共产党员面前就没有难事。”

第三届“公心节”　公心成大业　德传后世人

2003 年 11 月 1 日　星期六　晴

岳家村第三届“公心节”于 2003 年 11 月 1 日在村办企业诚凯制衣举行。这次大会由于会场比较宽敞，邀请了社会各界人士及村民代表 1000 多人参加，还增加了具有浓郁地方文化特色的文艺表演节目。同时，20 多名书画家还在村书画室举行了创作笔会，丰富了公心文化的内容。其中刘庆贺先生的书法作品“淡泊明志，宁静致远”8 个大字落落大方，引人注目。

在本届“公心节”上表演的文艺作品中，有诸多都在日后获得好评，小品《真情》参加山东省小品曲艺大赛获三等奖；歌曲《村支书》被“中国群众文学会”评为金曲，并编入《中国群众文化优秀创作歌曲选》；另有 7 件作品在《群众艺术》杂志上刊发。

2003 年公心纪事

2003 年 3 月 25 日至 4 月 5 日，许传江赴济南参加山东省第十届人民代表大会。4 月 15 日，许传江被评为“山东省劳动模范”。5 月 26 日，山东省军区政委赵承风在日照市军分区政委张建国等领导陪同下来岳家村视察民兵连工作。5 月 27 日，全国“非典”疫情严重，全村展开疫情防控工作。10 月 30 日，在市、县领导陪同下，省妇联副主席高贵云，到岳家村检查《妇女、儿童发展纲要》实施情况。

2002 年 10 月 30 日，《人民日报》公布了全国精神文明创建工作先进单位名单，岳家村榜上有名，岳家村是日照市唯一一个全国精神文明创建工作先进村。这是岳家村党组织建设的成果展现，这是践行公心、弘扬公心文化的综合体现。岳家村党员群众自发捐款近两万元，在村前的水上公园建起了一座凉亭，名曰“公心亭”。自此，公心的力量在岳家村愈发强大。许传江觉得这个荣誉既闪亮又沉甸甸，下一步的路该怎么走？他不停地在谋划着……

“为什么把这一届的主题定为‘公心成大业，德传后世人’呢？”经过多年来对公心文化的追求与探索，许传江悟出了“公心就是凝聚力、公心就是向心力、公心就是号召力、公心就是农村党员干部安身立命之本”的治村“法宝”。

几年前，他就旗帜鲜明地提出了当干部必须具备的五个条件，即“没有上进心的人不能当干部；自身素质不高的人不能当干部；自私自利的人不能当干部；意识不超前的人不能当干部；政令不畅通的人不能当干部”。

同时，他在全体党员干部会上明确提出了“四个做到”的要求，那就是，要当好村干部除了在政治上与党中央保持高度一致外，在践行公心中还必须做到“当开拓型的干部；当专家型的干部；当创业型的干部和当进取型的干部”。

实践出真知，什么样的人能当干部、当什么样的干部，这看起来是对大家的要求，但对许传江来说这也是他给自己戴的“紧箍咒”，体现了他对党的无限忠诚和对父老乡亲的无限热爱。

2001 年 4 月，利用三天的时间，他带领全村的党员、干部赴河南省南街村等地考察学习，进一步解放大家的思想。回来后，他连续召开了五次不同类型的会议，让大家对照别人看自己，查摆问题；对照先进谋发展，各抒己见，出谋献策。对此，许传江提出了“支部班子硬起来，党员干部红起来，全体村民富起来”的三条要求，再一次鼓起了全体党员干部的士气，岳家村进入了新一轮创新、创业的发展热潮。

公心成就了事业，品德凝聚了人心。那么，如何让“公心”与“品德”相融燃起的这团火愈燃愈烈？如何在加快集体经济发展的道路上乘势而上呢？许传江带着压力，冥思苦想。

◆ 公心故事一

村民心里的祠与庙

在岳家村老年幸福公寓座谈采访，我看到的是老人们幸福生活的情景。在与老人的交谈中，他们不止一次叫我写一下村里的祠庙。对这个要求，起初，我有些不解，为什么要写这个呢？有几位老人一再叮嘱说：“记下来好，记下来才能传下去，传下去才能叫咱岳家村的后来人不忘本，才能记住祖先的不容易，才能更加感恩共产党、感恩新中国。”受老人们话语的感动，我愉快地答应了下来，对岳家村的祠与庙进行了一番探究。

岳家村，距莒城东北两公里多，历史悠远。岳氏人多年前从河南汤阴县岳家巷子迁到山西榆次时，其中一支继续奔走，在莒城东关驻足。当时，先者慧眼看中了这块有祠、有庙之地。至此，便依河而居，世世代代，繁衍生息。

世事沧桑，岁月不居。今天，公心文化孕育了新时代的岳家村，这是一个朝气蓬勃的社会主义新农村建设的典范。然而，追根溯源，历史在前进中也留下了岳家村人生生不息的过往故事以及那些难以忘却的印记。

莒县历史悠久，文化灿烂，莒县有3000年的古城、4000年的古树、5000年的古文字，这里是省级历史文化名城、千年古县。世代流传的“泰山神多，莒州庙全”是有根据的。据史料记载，清末民初，莒县有庙宇360座，其中城关镇域范围内就有庙宇37处，如：宝愿寺、神道宫寺、城隍庙、关帝庙、鲁班庙等，处处有故事、个个有名气。

坐落在岳家村西北边的碧霞元君祠占地三亩，祠分前后两个院子，一座削角石碑立于前院大门，碑前的两棵柏树傲然挺立。

据老人们讲，平日里这里的前门是不开的，只有规定的时间才开门进行祭祀活动，平常人们通行都走左侧的便门。左侧的几间房屋是道士的住处。再向后登上9层台阶是2门，院内有正殿3间，门额书有“碧霞元君”4个大字，刚劲有力。正殿内塑有老母神像，殿堂脊梁上刻有“大清嘉庆十八年重修”的记载文字。在正殿下东西两端还各有一块石碑，可惜其碑文没有留传下来。

时至今日，最让人眷恋和惋惜的还是那棵老银杏树。这棵老树的树龄到底有多少年，无从考究。据说，它与浮来山上的银杏树树王树龄不相上下。此树主干约六七人合抱，冠盖整个院落，而且主干上可以安放小桌子，供人围坐品茶。可惜，在后来村落的变迁中未加以保护，祠观被毁，老银杏树也被砍伐，这成了岳家村老人们心中永远的痛。有老人记的，在后来“农业学大寨”治沙造田的时候，有几个社员曾在沭河床道里挖出过老银杏树的根须。此景生情，再一次引发了人们对老银杏树的追忆，虽然久远，却如在眼前。

老母庙就在碧霞元君祠内，据传是华山派游方道士所建。此庙坐南朝北，有13层台阶的高筑庙台，5间宽敞的庙宇，颇有气派，庙台周围是黑砖砌成的围墙，墙体坚固，独具风格。先前老百姓逢年过节便在老母像前烧香磕头，祈求平安。传说先人们曾在此逃过一场大灾难。

据《岳家村志》载：“清雍正八年（公元1730年）五月初，莒地阴雨连绵四十余日。六月十九日，大雨如注，七昼夜无一二日止息。至二十四日，洪水横流，东至屋楼，西至浮来，接连四十余里，平地深渊，波浪滚滚，人畜顺流而去众多。”危难关头，岳家村全村大人小孩100多口人全部跪在了老母像前，祈求老母奶奶保佑。据说当时雨越下越大，就在眼看着洪水要漫过庙台时，几声闷雷响过，河水涨了三涨，庙台也跟着涨了三涨，之后水就很快退去。水退之后，大家看到老母奶奶脸上好像有豆大的汗珠。此时，父老乡亲磕头跪拜，更有长者长跪不起，泣声不断。

有老人对我说：“19 世纪 70 年代老母庙被拆除时，老母奶奶的神像稳如泰山，任人推拉一动也不动，结果有几个不知好歹的年轻人就把绳索系在了她的脖颈上，硬是给拉倒了。这几个年轻人被村民臭骂了好几年，他们的父母也一直很羞愧。”

嗟乎，一座祠堂，一棵大树，一尊慈像，一场洪水，这是人与自然共生共存的轨迹。在那久远的过去，虽然祖先们的信仰与当今不同，可他们以村为家，为了追求幸福而抗争的精神是我们要永远传承的。至此，我也明白了岳家村的老人们让我记下这个故事的缘由。

◆ 公心故事二

不孝顺老人就处罚

“千古华夏崇尚仁德，万代炎黄传承孝廉”，这是岳家村文化广场上的一句宣传语。

许传江认为，在社会转型与创新发展中，弘扬中华民族传统美德，加强对村民品德教育这件事已经摆在面前。出现任何不孝顺老人或者违反道德品行的事情，那都是给村里抹黑、添乱。

这天，驻村东头的刘大娘拄着拐杖来到许传江家。她流着泪说：“传江呀，我也知道当干部不容易，村里的事、家庭的事都得管，真不好意思麻烦你。养儿防老，大家都知道这个理儿，你看我拉扯大了 5 个儿女，也都成家了，现在是 3 个儿子轮着管我，可我得天天看人家的脸色过日子。这不是嘛，今天轮到去老三家吃饭了，门敞着却不见人，饭桌子上什么都没有，我心里冰凉冰凉的，你说我该咋办呀？”老人的一席话，让许传江非常心疼。他又问了老人一些情况，然后就一边安排妻子做饭给老人吃，一边通知村“两委”成员马上去村支部开会。

大家都到齐了，刘老大娘的 3 个儿子也被叫来了，许传江开始对他们进行面对面的质询。开始，不知是愧疚还是有难言之隐，兄弟 3 人都装聋作哑，沉默不语。过了一会儿，许传江生气了，说：“孝顺好你们的娘是天经地义的事，你们说这事咱是商量着办呢，还是公开曝光或者交法庭解决？”这时，他们才说出了原委。刘大娘家前些年因为分家发生了一些争执，后来整个大家庭一直不和谐。事情的原因弄清楚了，不是穷吃不上饭，而是感情不畅通，心里的疙瘩没解开，但不管怎么说，把老人冷落了不管，3 个兄弟都有错。现场会上，定了两条路子：一是 3 兄弟每人每月出 50 元钱，老人由村里安排人给管；二是把老人接回家，每家照管一个月，村委会督导，做得不好的，全村通报。这三兄弟还算识时务，当场和好，一起去许传江家把老人接回了家。

第四届“公心节” 大公无私是圣人
先公后私是贤人 公私兼顾是好人
先私后公是庸人 损公肥私是坏人

2004 年 11 月 1 日 星期一 晴

2004 年 11 月 1 日，岳家村第四届“公心节”如期举行，村民代表及社会各界人士 200 多人出席。这届“公心节”的主题是：大公无私是圣人，先公后私是贤人，公私兼顾是好人，先私后公是庸人，损公肥私是坏人。

◆ 2004 年公心纪事

2004 年 2 月，岳家村荣获山东省爱国卫生运动委员会授予的“山东省卫生村”称号。4 月 22 日，新华社记者黄晋鸿在县委副书记范宇新陪同下来岳家村采访，并与村党总支书记许传江进行座谈。6 月 30 日，在全县庆“七一”表彰大会上，岳家村党总支被县委授予“红旗党组织”称号。10 月 1 日，正骨医院门诊大楼建成启用。12 月 18 日，岳家村召开村委会换届选举大会，参加选举的选民400余人，大会选举产生了新一届村委会。许传江为主任，许传峰、谷明兰为委员。当月，岳家村荣获"山东省绿化先进村"称号。

2004年，岳家村处于困难与压力、机遇与挑战并存的紧要关口，许传江决定带领一班人破釜沉舟，背水一战。6月24日，在村全体干部会议上，许传江说："虽然我们在学校、医院建设上耗费了很多心血，遇到了很多挫折，承受了很大的压力，但这都是为了我们村的长久发展。我不要求大家跟我承受一样的压力，但起码要有高度的责任心。就一个人来说，只有一心一意为集体，才能活得光荣、活得有意义。

"自从2002年5月学校（莒县第六中学）工程奠基，我们经历了风风雨雨……回想起来，走到今天确实不容易。咱村不卖地，不卖建筑物，将土地和建设作为一项投资，每年向承租单位收取租金。我们看到了：我们的付出都在创造效益。这收益是大家的，是全村人的共同财富。"

岳家村逐步富裕了，许传江带领大家走活了村民致富的第一盘棋，但是，许传江认为这只是新长征征程上迈出的第一步。他曾说，当村干部光吃饱了肚子不行，脑袋不能空着，思想必须丰富。于是，他适时提出了"党组织的生命力在于创新，凝聚力在于真诚，号召力在于实干"的基层党支部建设理念。同时对全村共产党员提出了人人都要做到"三吃"，即吃苦、吃亏、吃气。"三无"，即无私心、无官心、无傲心。"三靠"，即靠清白，站稳自己的脚跟；靠实干，树立自己的形象；靠真诚，赢得群众的信赖。这些话，嘴上说简单，可真正做起来却并非易事。在全村党员大会上，许传江要求大家要时刻牢记党的宗旨，树立正确的世界观、人生观、价值观，以身作则带好头，为全体村民文明道德素养的提高做好示范。

对这“三个三”的提出与实践，现在被很多探索公心文化的学者和党建理论研究者概述为“新三三制”。大家一致认为，这种机制从萌发、践行到成熟，其根源和力量就是讲公心。

◆ 公心故事

先公后私

第四届“公心节”这天，围绕“公与私”的话题，我采访了许传江的妻子尉世珍。许大嫂一米七的个头，身体壮实，浓眉大眼，她有一个特点，就是见人就问好，见人就笑，非常和蔼可亲。

最开始，我并没有说要采访什么具体的内容，只是家长里短地攀谈。

“大嫂，这些年跟着许书记吃了不少苦吧？”

“哈哈，苦是吃了不少，可有苦也有甜，还是甜多呀！”

“你们两口子在家里谁说了算呀？”

“公家的事他说了算，咱从不掺和，都是全力支持。家里的事我说了算，因为他从来不管，咱不说了算也没办法呀。”大嫂边说边笑。

“听说许书记工作起来很少顾家，你有怨气吗？”我直截了当地问。

“一开始的时候有，这些年磨合下来了，看着他为了村集体的事天天忙这忙那，有时饭都顾不上吃，我心疼，就一点怨气也没有了，只有理解和支持了。”

“那这些年你们两口子是怎么公私分明的呢？”

“先公后私！”大嫂斩钉截铁地回答。

在我们的交谈中，尉世珍讲了下面几件小事：

一是担惊害怕。当年，她曾苦口婆心地劝说许传江不要当这个支部书记，因为那时村里既穷又乱。干部连年换，下场都惨淡。因为村情决定了只要你公事公办开展工作，就会触动一些人的利益，势必会得罪一些人，遭到打击报复是经常的事。例如，有半夜敲墙砸门的，有往家里扔砖头的，有在书记、主任家门前烧纸的，还有故意找碴直接去家里闹事的，变着花样折腾你，老婆、孩子吓得晚上都睡不好觉。尉世珍也害怕许传江会有如此的遭遇，所以她再三劝阻许传江不要当这个干部。可软硬兼施都没有用，许传江非干不可。

尉世珍说：“其实，咱也有公心，盼着老少爷们儿早点过上好日子，可当时心里害怕的滋味，别人是尝不到的。”

二是私款公用。许传江脑子灵活，天生聪明，在当支部书记之前，他就闲不住，经常做点小生意，积攒了一万多元，在那时一万元钱可不是个小数目。可是，为了发展集体经济，许传江就全部拿了出来用在村项目建设上。

“当时把我气得不得了，钱都拿走了，俺家里娘儿个怎么吃饭啊！可又想想，村里那么穷，那钱是用在了正事和公事上，他说怎么着就怎么着吧，这是当干部应该做的，咱必须支持。”尉世珍深有感触地说。

三是宅基地里的公与私。前文说了，第一次旧村改造分宅基地时，村民白凤伍分到的宅基地地势低洼，需要用大量的沙土填平。许传江考虑到他家人手少，在村里又是小户人家，日子过得很累，不能叫别人看了热闹。于是，许传江就把自家分到的既平坦又靠大街的宅基地换给了白凤伍家。当时尉世珍生气发牢骚，可许传江却说：“咱不是讲公心嘛，把方便给别人，这就是公心处事，那个地方洼咱拉土垫垫就是了。”尉世珍拗不过他，就叫娘家人来帮忙，拉了 30 多拖拉机的沙土才垫平。

我说：“嫂子，你说的这些都是小事，能不能说个大点的事儿我听听。”

“大事，这家里哪有什么大事呀，要说大事，那就是俺岳家村人富了，过上了小康的日子。”

是呀！每件小事干好了，大事也就干成了。一件一件做，一步一步走，留下的就是公心印迹，闯出的就是公心文化新天地。

第五届“公心节” 知荣明耻　弘扬文明

2005 年 11 月 1 日 星期六 阴转晴

2005 年 11 月 1 日，岳家村第五届“公心节”如期举行，300 多人参加。本届的主题是：知荣明耻，弘扬文明。会上，村干部和部分来宾围绕讲公心发言表态，找出了差距，明确了目标。会后，演出了由村民自编自导自演的文艺节目，并组织了书画笔会。

◆ 2005 年公心纪事

2005 年 2 月 24 日，村里的招商引资项目诚凯制衣有限公司开业。3 月 31 日，市委书记、市人大常委会主任李兆前、市委秘书长党英明在县委书记王斌、县长刘兆亮等陪同下，来岳家村调研新一轮旧村规划改造首次试点工作。8 月 24 日，中央综治办[①]调研组一行 7 人在省、市、县有关

① 中央综治办：中共中央社会治安综合治理委员会办公室。

领导陪同下，来岳家村检查指导综治[1]工作。8 月 24 日，公安部治安局副局长郝敬江等一行 4 人在省、市、县有关领导陪同下来岳家村检查社会治安综合治理工作情况。10 月 25 日，岳家村荣获中共中央宣传部、中央文明办授予的“全国文明村镇”称号。9 月 8 日，莒县职业技术教育中心与岳家村签订征用协议，并举行了新校启用仪式。12 月 29 日，村集体为 65 岁以上老年人发放年度福利补贴每人 310 元，共计 4 万余元。

荣辱观念，古已有之。许传江在不断发展村里经济的同时，也十分注重村民思想意识的变化。他认为，无论何时，都不能逾越了做人的底线，不能颠倒是非、以丑为荣、以耻为荣、以恶为善。建设新农村必须要有良好的道德风尚引领，必须让全体村民牢固树立爱国主义、集体主义、社会主义的思想。所以，他动员全体党员先从自身找问题，再剖析村民身上存在的陋习，在全村营造“知荣耻，树正气”的浓厚氛围。

岳家村被中宣部、中央文明办授予“全国文明村镇”称号后，面对这沉甸甸的荣誉，许传江觉得压力很大。他认为，荣誉是全体村民的辛勤付出换来的，而且这代表的只是昨天。如何再为这份荣誉增添含金量，是对岳家村人的一次大考验。所以，在全村干部大会上他明确提出：“成绩面前要善于反省，努力做到不出问题。有了漏洞，出了问题也不可怕，敢于担责才是当干部的姿态。要严厉打击歪风邪气，知荣明耻，做清正廉洁的好干部，做文明处世的好村民。人不懂得知足就不会感恩，要从物质的私欲中挣脱出来，少欲无贪，天广地宽。”

① 综治：社会治安综合治理工作。

此后，以“知荣明耻，弘扬文明”为主题的大讨论便在全村广泛展开。

◆ 公心故事

制度约束行为

岳家村的村规和民约是在发展与变化中不断完善的。

2005年春天，新修订的《岳家村村民家规》出台，这部共19款的家规明确了村民该干什么、不该干什么。它要求村民时时树立“文明村民”形象、处处维护“文明村”荣誉。同时对“尊老爱幼，行善积德，知荣明耻，文明处世”16字《家训》进行了细化和诠释，要求每位村民都入心、入脑，付诸行动。《家规》还制定了具体的考核办法，如：凡出现邻里不睦、打架斗殴事件，调解委员会负责人应及时给予处理，处理不了的报村“两委”研究处理；处理不了又不上报的，按照考核标准对负责人扣分，同时与年终考评工资挂钩。

为了配合《新村规》《新家训》的普及实施，村“两委”编写宣传教材，并配图上墙明示，如“一滴水视为自身一滴血，一度电视为自身一脉搏，一草一木视为自身一发一肤，一砖一瓦视为自身一筋一骨。护者有功，损者有罪”“大家好，小家即好；全村好，人人都好”等等。在这些通俗易懂的村规、家训熏陶下，村民的思想道德素质发生了很大的变化，“文明兴村，文明处世”的良好气象蔚然成风。

第六届“公心节” 楼要盖起来 人要站起来

2006 年 11 月 1 日　星期三　小雨

2006 年 11 月 1 日，岳家村举办第六届“公心节”，县委宣传部、县总工会、城阳镇党委的主要负责同志及村民代表、社会各界人士 200 多人参加。本届主题为：楼要建起来，人要站起来。

◆ 2006 年公心纪事

2006 年 4 月 7 日，岳家村新农村建设楼房化改造工程开工。7 月 21 日，中国可持续发展研究会理事赵正中、中国 21 世纪议程管理中心副主任郭日升率国家可持续发展实验区验收组一行 9 人，在省、市、县有关领导陪同下来岳家村验收国家可持续发展实验区工作。11 月 20 日，公安部督查组组长李忠在省、市有关领导陪同下，来岳家村检查消防工作。

2006 年，是岳家村人大干快上的一年。

2005 年 4 月 21 日，莒县人民政府批复了《岳家村村民住宅楼改造规划》。4月底，经过县建设局设计、测量、规划、质检以及相关部门审核，楼房化改造工程正式实施。楼房化改造工程是村庄建设的大事，同时也是引领当地社会主义新农村建设的示范工程。村“两委”整合了全县最好的工程建设资源进行施工、监理，各项筹备工作有序推进。2006年4月7日，全体村民涌上街头鸣放鞭炮，庆祝工程开工。

大面积的开发建设，对当事人无疑是个严峻的考验。在工程建设中，村干部分工负责，同时规定：当干部不但要管住自己的嘴，管住自己的手，管住自己的腿，更要管住自己的人。

“楼要盖起来，人要站起来”，这是许传江提出来的。期间，也有很多亲朋好友找他招揽工程、卖材料，他都耐心解释，本次工程里的所有项目都通过招投标方式进行招标。这些年来，许传江从没有自己做过生意，“两委”成员同样如此。他认为，要当干部就别做生意，要做生意就别当干部。党员干部多一分钱的买卖，就少了一份公心。失去了公心，农村党员干部就失去了安身立命之本。采访中，我在读岳家村《公心文化报》时看到了一版表格式的通报，一类是村民和社会各界给老年公寓送来的钱物，其中个人一栏中金额最大的是许传江的10万多元，这是他这几年积攒下来的奖金；一类是村委会转来的在涉及公务中推脱不掉的礼品明细，这些“充公”的礼品都由老年公寓所用。

2006年，岳家村党总支把加强思想政治文化建设作为三个文明建设的基础工程。在开展共产党员先进性教育、创建社会主义新农村实践活动中，许传江提出了“坚持以先进的文化教育人，以文明的村风影响人，以优美的环境熏陶人，以无私的精神塑造人”的思路。通过组织党员干部、村民代表外出参观学习、聘请专家学者讲课及定期集中学习和个人自学相结合等方式，营造了良好的学习氛围，提升了党员、干部和全体村民的思想意识和道德素养。许传江曾多次在干部大会上说，权力就是干事，负责就是服务。新形势、新任务面前，所有人必须做到内强素质，外树形象；站在村集体的角度来说，树形象与创造集体财富并不矛盾，形象就在时时刻刻的严于律己之中。要干好事业，所有人必须在社会上树立起清廉、无私、奉献的良好形象。说细一点，就是吃一顿饭也要讲作风。我们要在建起高楼大厦的同时，以优良的作风和干劲，树立起更好的干部形象。

◆ 公心故事

再苦再累也要站起来

“楼要建起来，人要站起来。”本届“公心节”的主题很直白，而且带着刺儿，还有火药味，直接触动人的心灵。对这个主题，我曾与许传江做过深入的探讨、交流。

“许书记，我曾在采访中问过大家对这句话的理解，有的村民说，当时他们理解得并不深。那么，您提出这个主题时是怎么考虑的呢？”

“你也知道，那时某些方面的风气很不正，吃、拿、卡、要、报等歪风邪气到处钻空子。你想，当年的工程量那么大，涉及建筑业的方方面面，为了私利，有些投机取巧的建筑商总是不择手段行贿送礼，这是很危险的。你不以盾挡矛做好防范，一旦被击中，那就麻烦了！”许传江很严肃地说。

"'楼要建起来'，这是岳家村人的大事业，必须做好；'人要站起来'，这是对岳家村全体党员干部的考验，必须做到。当然，这并不是说因为任务重、工作忙把人累趴下了，而是坚决不能受贿，哪怕一盒烟、一包茶、一顿饭，都不行，否则，惩治措施等着你。"许传江接着说。

"要求这么严，面又这么广，是如何监督的呢？"我问。

"当时我就在想，岳家村党员干部都在建设一线，都在与钱、物、人打交道，光我一个人廉洁是不行的，必须做到不出现半点纰漏。我曾在全体党员会议上说，希望人人向我看齐，瞪大眼睛盯着我、监督我，我会顶天立地挺直腰杆。我要求大家攥起拳头互相监督，齐心协力实现'楼要建起来，人要站起来'的目标。"

"三年三批 45 栋楼建起来了，没有出现被'糖衣炮弹'击倒而站不起来的人吧？"我笑着说。

"没有。社会上都知道，在岳家村'糖衣炮弹'根本打不进来，一切都公事公办。我们党员干部的觉悟是高的，大家时刻把党性、公心放在心里，大局观很浓。"

第七届“公心节” 文明处事 公心流芳

2007 年 11 月 1 日　星期四　晴

2007 年 11 月 1 日，第七届“公心节”召开，村民代表及社会各界人士 220 余人参加。本届主题为：文明处事，公心流芳。

◆ 2007 年公心纪事

2007 年 1 月，沭河综合治理工程开工。在村东河道拓宽加固，建橡皮坝，同时对西岸进行大规模高档次的绿化，占用岳家村部分耕地和全部河滩地 1300 余亩。5 月 31 日，许传江赴济南出席全省人大工作经验交流会，并荣获“全省优秀人大代表”称号。7月，岳家村荣获全国老龄委[①]授予的“全国老龄工作先进村居”称号。9 月 16 日，省委副书记、省长姜大明、副省长贾万志、省政府秘书长周齐等一行 17 人，在市、县有关同志

① 全国老龄委：即全国老龄工作委员会。

陪同下，来岳家村考察调研新农村建设工作。12 月，岳家村荣获中共中央宣传部、中央文明办、全国绿化委员会、国家林业局授予的“全国绿色小康村”称号。

莒县，是一个拥有 110 多万人口的农业大县。改革开放以来，莒县发生了翻天覆地的变化，尤其是城镇化建设潜力巨大，东部新区的开发如火如荼，岳家村就在新城开发区。2006 年初夏，又一次大考来了。岳家村“两委”接了个“硬任务”，县里实施振兴东路东拓工程，需要对本村的 7 排房屋进行拆迁，共涉及 197 户。接到这个任务，许传江好几个晚上没睡着觉。面对大片还崭新的房屋，多数村民心疼叹息，想不通，不赞同，不支持。尽管村集体拿钱作为拆迁补助，但是当时居民楼刚开始建设，房拆了，人住哪儿？许传江确实也犯了难。再难也得顾大局，许传江连续召开了几次党员会、村民代表会。在研究决定这拆迁方案的第三次全体党员大会上，许传江语重心长并坚定地说：“大家想想，没有党和政府的好政策，我们卖豆腐都不敢出门；没有各级领导的关怀，我们第一轮旧村改造就寸步难行；没有老少爷们儿的拥护，我们的任何工作都迈不动步。今天我只想说，只要我们共产党员在，就没有过不去的火焰山；只要我们的思想端正，就没有克服不了的困难；只要我们公心对待每个人、每件事，就没有迈不过去的坎。大家想想，一个人为两个人让路，少数人给多数人方便，有什么不行的呢？我们要明白，执行上级指示也是对村民的负责，村民的利益我负责，这个责任我担。大家要统一思想，从明天开始，党员带头拆，半个月内拆完腾地。投亲靠友借住，村里发补助。”在许传江看来，岳家村的事不是“两委”一个人或者几个人的事，而是全体村民的家事、大事。拆迁修路是全县的大局，是岳家村人义不容辞的责任。

夏日的沭河西岸，东方泛红。朦胧中，这里已是人潮涌动——搬迁开始了。到了第10天，7排房子全部拆除完毕。筑路大军进驻工地，县里的领导惊讶了，周边的百姓也没想到，多数人不敢相信这是真的，可现实已经摆在了眼前。

莒县的东部新区开发，沭河城区段是规划建设沭河的主要区域，这一带正是岳家村人祖祖辈辈耕种及发展瓜果业的地方。沭河公园开发建设无偿征用了岳家村1300亩沙滩地，尽管多数不是土质优良的纯耕地，可这里或种植蔬菜或栽植果树，收入还是可观的。征用时，这片土地上有76户养殖区、900多个坟头、300亩栗子园、200亩苹果园，这些都是村民收入的一部分来源。在全县发展的大局面前，岳家村人不讲条件，无怨无悔，做到了按时腾让。

今天，当我们漫游在沭河公园，欣赏这里无限风光的时候，有多少人知道这里曾经是岳家村人的劳作之地，又有多少人知道这里有着岳家村人的无限不舍？

许传江是一位风里来雨里去的大忙人，除了村里拆迁，另一件棘手的事又让他左右为难：在东部新区开发范围内。岳家村有5个工厂需要异地搬迁，这将给村集体经济带来很大损失，但除了异地搬迁，没有别路可走。许传江咬紧牙关，几经周折，也按时完成了任务，仅工厂的搬迁费就花掉了1500多万元。

这一年，岳家村公心流淌，处处芳香。这一年，岳家村人完成拆迁任务，也齐心协力建成了老年幸福公寓。

◆ 公心故事

幸福公寓里的笑声

2007年，岳家村投资3200多万元建成了花园式的老年幸福公寓，首批182名60岁以上的老人入住，村“两委”委派谷明兰任老年幸福公寓主任，并配备了12名公寓工作人员，制定了完善的安全、卫生、财务、就餐等一系列制度，成为全县乃至全市首个对老年人实行免费集中供养的村庄。

在老年公寓食堂，每当看到老人们脸上的笑容，我就感到无比幸福。

在老年公寓，我问一位80多岁的老人：“老人家，许书记常来看你们吧？”

“你说俺传江书记呀，只要不出去开会他就天天过来。”

“大娘，你为什么称他‘俺传江书记’呀？”

“传江是党的人，是俺们的贴心人，他比俺们儿女都孝顺、都细心，没有他俺哪能在这里享清福啊。这样叫他，更亲呀。”

是呀！这些在过去吃尽苦、受尽累的老人，如今都能够在这舒适的环境里享清福、度晚年，还享受村里发放的补贴，村里还特意为百岁老人设立了万元“敬老子女奖金”，岳家村老人的生活真是好啊！

2013年12月1日，岳家村的老年幸福公寓里，许衍瑞老人在热热闹闹中度过了自己101岁的生日。谷明兰跑前跑后地张罗，还为老人请来了戏剧团，演了老人喜爱的节目。老年公寓准备了10桌饭菜，100多名前来祝寿的亲朋好友，看演出，吃团圆饭，祝寿活动欢乐、吉祥，老太太红光满面，笑得合不拢嘴。在活动过程中，村干部当场把1万元“敬老子女奖金”交给了老人儿子王玉民。

环境造就人，文化历练人。公心文化不是喊出来的，是岳家村人在探索与实践中干出来的。此时的岳家村无处不闪烁着公心文化的魅力、无处不透着社会主义新农村建设的勃勃生机。

第八届“公心节” 公心催放幸福花

2008 年 11 月 1 日　星期六　晴

2008 年 11 月 1 日，岳家村第八届“公心节”在老年公寓礼堂举行。日照农业学校、海右经济开发区、莒县人社局、城阳镇党委政府的主要负责人等社会各界人士及村民代表 700 多人参加。会上，村“两委”干部作了述职报告，并对林相欣等 12 名“公心思想先进个人”进行了表彰。会后，村团支部、妇联进行了汇报演出。本届主题为：公心催放幸福花。

◆ 2008 年公心纪事

2008 年 1 月，岳家村荣获由全国“平安家庭”创建活动领导小组、全国妇联授予的“全国平安家庭创建活动示范社区”称号。4 月 8 日，岳家村新建 5 栋、总面积 24653.8 平方米的居民楼放线开工。5 月 12 日，四川省汶川县发生里氏 8.0 级地震，村“两委”第一时间筹得爱心捐款 3 万余元。9 月 1 日，振兴路沭河大桥举行开工奠基仪式。是年，岳家村组织妇女工作先进个人评选活动，并召开表彰大会，评选出特殊贡献先进个人 1 名：张霞霞；孝敬老人先进个人 4 名：杜秀华、许传玲、潘维兰、王庆荣；精神文明先进个人 9 名：杨秀香、白凤梅、许崇菊、刘建菊、李纪芬、王双、许传花、梅玉玲、林相欣。

有人说，浮来山的灵气、华表银杏树的护佑、沭河水的滋养、莒文化的熏陶，造福了这方水土，孕育了一方莒民。莒人刘勰在《文心雕龙》中说写文章应达到“使玩之者无穷，味之者不厌”的意境，力求“为文之用心”，要如雕龙纹一样细腻，用心行笔，善意为本，爱心博大，益于后代。公心文化正是传承了《文心雕龙》的理论升华，于实践中创新，做到了大公无私。

一个“公”字谋幸福，一颗公心为村民。字典里释“公”为：公平、公道，让大家都知道；共同的，大家承认认同的；公开所有集体政务。这些方面，岳家村的干部都做到了，而且做得非常到位。

公心是为公之心，是人们所追求的崇高境界，是一个人思想、心灵、觉悟、品行、素养的综合反映，公心也是良心、党心和民心。尤其是对党员干部来说，更是坚守党性原则，对党无限忠诚的体现。只有树好公心，才能干好公事、干成大事；只有以公心干事业，才能被人敬之、尊之、赞之。许传江经常说：“幸福包括富裕，但富裕不等于幸福。人生最大的幸福就是不断地前进，不断地挑战自我并顽强地与困难做斗争，矢志不渝，誓死不悔。”

人对美好生活的追求和向往是永无止境的。虽然岳家村人的日子越过越红火了，可在许传江看来，更美好的日子还在后头，岳家村人一定要谨记：傲不可长，欲不可纵；志不可满，乐不可极。岳家村人要向着更高的目标继续前进。

◆ 公心故事

幸福指数要更高

让群众的日子过得比干部的强，是许传江最大的心愿。依靠“公心为民”的思想，才实现了“有活干、吃饱饭”的基本要求，而这仅仅是美好生活的第一步。只有大力弘扬公心精神，我们才能追求到更大的幸福。

2008 年，许传江曾在“九九重阳节”老年人座谈会上这样说：“岳家村的文化就是以公心谋幸福，我们要让它开出更美的花朵，结出更大的果子。有的地方经济可能比咱们强，但不一定比咱们幸福。我们不能自满，要站得更高、看得更远，齐心协力继续努力奋斗，我们的目标是追求最高的幸福指数。”

我在村里采访，常常会听到这样的话：“现在的日子越来越好了，十里八村的老百姓没人不羡慕我们岳家村的。”“我们已经觉得很幸福了，可俺书记却老是不满足，总是停不下来，还想方设法让我们过上更好的日子。”

是的，从茅草屋到砖瓦房再到住进高楼大厦，从穷、懒、乱、差、偷到现代文明新风尚，岳家村人是幸福的，他们因为公心而过上了更好的生活。

第九届“公心节” 公心是农村干部安身立命之本

2009 年 11 月 1 日　星期日　阴转晴

2009 年 11 月 1 日，第九届“公心节”庆祝大会在老年公寓礼堂隆重举行。城阳镇全体机关干部、各村党支部书记、岳家村村民代表及社会各界人士 800 余人参加。会议由公心联谊会会长刘庆贺主持。本届主题为：公心是农村干部安身立命之本。会上，岳家村村“两委”成员作了述职报告，驻岳家村大学生村官刘林红、夏庄镇苗蒋村党支部书记宋振营、村退休老干部许家善、村民代表李茂昌分别做了大会发言。

春风化雨，润物无声，公心文化在发扬光大。把“公心向党，公心为民”作为自己的人生追求，并在实践中把公心文化诠释为一种理念，形成公心文化体系，这就是许传江在践行社会主义核心价值观中创新发展公心文化的奋斗目标。

观摩会后，县委组织部就地组织各乡镇与会人员召开全县“公心实践”活动动员暨农村党支部书记规范化建设现场会，莒县县委常委、组织部长韩鹏讲了话。他在讲话中说，从现场观摩和许书记介绍及大家的发言情况看，岳家村党总支和村委一班人，10多年来带头实践党的根本宗旨，坚持公心向党、公心为民、公心处事，赢得了全村群众的信赖和支持，也铸就了岳家村今天的辉煌。为了强化“两委”一班人的公心意识，自2001年以来，他们每年都组织举办“公心节”，而且“公心节”的主题鲜明，内容丰富，形式灵活，具有很强的吸引力和感染力，他们的经验值得我们很好地思考和学习。

韩鹏希望大家一定要充分认识在农村党支部书记队伍中开展公心实践活动的重要性和必要性，把公心实践活动作为农村党支部书记队伍建设的一项重要内容常抓不懈。要坚持不懈地开展好公心教育，谈公心、议公心，注重培养和宣传公心实践先进典型，营造宣传公心、弘扬公心、崇尚公心、追求公心、实践公心的浓厚氛围。要结合学习实践活动对照检查，组织开展公心分析活动，针对查找出的问题和不足，进行自我反思、自我教育、自我修正、自我提高。要把“处以公心、公道办事”作为选拔、任用和评价农村干部的基本前提和重要标准。

会上，莒县县委组织部印发了《关于实施“一公心两保障三转型”工程加强村党支部书记队伍建设的意见》和《关于在村级党组织书记中开展公心实践活动的实施意见》两个文件。

◆ 2009年公心纪事

2009年1月，岳家村荣获莒县县委、县政府授予的2008年度“全县新农村建设示范村”称号，并获得奖金20万元。4月，村集体出资组织全村 60 岁以上老人在莒县人民医院进行了健康体检。9 月 11 日，村新建五层办公大楼正式启用。10 月 1 日，岳家村为期 3 年的居民楼房化改造全部完成，共分配楼房 13 幢，至此所有村民全部住入楼房，圆了老少爷们儿的住楼梦。11 月 12 日，中央深入学习实践科学发展观巡回检查组副组长、全国政协常委，全国工商联原副主席、党组副书记张龙之一行到岳家村检查工作，并为许传江写下了“德为良田百代耕之有余，许传江同志公心为民，向您致敬！”的题词。12 月 4 日，山东省委深入学习实践科学发展观活动巡视组组长刘池水在市、县、镇相关同志陪同下到岳家村检查第二批学习实践科学发展活动开展情况。是年，岳家村与大许庄村结为文明共建村，并为其提供 2 万元帮扶资金。

◆ 公心故事

群众满意是对我们的最高奖赏

2009 年 11 月，在中共日照市委深入学习实践科学发展观活动领导小组办公室印发的《公心铸得党旗红》的调研报告上，时任市委书记杨军做了批示：“莒县城阳镇岳家村党总支公心实践活动得到了中央巡回检查组的充分肯定，为我市农村基层党组织开展学习实践活动树立了榜样。望各区、县委在第二批学习实践活动中不断总结推广基层党组织先进经验，让广大群众得到更多实惠。”时至今日，公心文化的内涵不断丰富，公心的力量日益强大，其辐射面更加宽广，影响力也越来越强。

许传江认为，在农村，要当好支部书记，有一条必须牢记心中，那就是不能脱离群众，如果脱离了群众，就等于切断了传送党的温暖的“动脉”。在村“两委”学习科学发展观讨论会上，许传江说：“我们要保持一颗爱心，那是爱党的赤心、爱群众的红心、积极向上的进取心和清正廉洁的公平心，绝对不能有私心、官心、傲心。要做到常修为政之德、常思贪欲之害、常怀律己之要。只有关照群众的小事，才能办成集体的大事。群众的满意就是我们的最高荣誉。”

第十届“公心节” 公心成大业 文明促和谐

2010 年 11 月 1 日 星期一 晴

2010 年 11 月 1 日，第十届“公心节”庆祝大会暨“莒县首届‘村官’论坛”召开。莒县县直部门分管组织工作的负责人，各乡镇党委副书记、组织委员、大学生村官，岳家村村民代表及社会各界人士 800 余人参加会议。会议由莒县公心研究会会长刘庆贺主持。本届的主题是：公心成大业，文明促和谐。

会上，有的村干部述职时坦言，现在当村干部总觉得压力越来越大，越当越害怕，就怕跟不上发展要求，怕过不了公心这一关。许传江在会上对质询事项一一作出解答。随后莒县县委常委、组织部部长韩鹏发表讲话，他说：“我们的‘公心节’一届比一届强，看公心实践开展得怎么样，关键看干部、看群众的思想素质。向许传江同志学习，向岳家村人学习，要从点点滴滴学，只有抱着一颗虔诚的学习之心，才能取到真经。我们的大学生村官都刚刚步入社会，要从头学起，不辱使命，不辜负党和人民的期望。”

十年树木，百年树人。第十届“公心节”又赋予了公心文化新内容，那就是大学生村官的融入。在第九届“公心节”大会上发言的岳家村大学生村官刘林红就是典型的代表。

◆ 2010年公心纪事

2010年3月15日，莒县第三期沭河治理工程全面开工，村河套内现有沙滩地一律停止种植。4月6日，岳家村社区挂牌成立。许传江任社区党委书记，这是莒县成立的首个城市社区。社区党委辖17个党支部，包括岳家村、塘子村、钱家村、马庄村、付家洼村、大桃园村、小桃园村、东关四街等8个村街和16处单位，党员251名。2012年，原海纳社区并入了岳家村社区。至此，仅单位、小区就扩大到30个。2010年4月，许传江荣获“全国劳动模范”称号。4月27日，在北京人民大会堂出席全国劳模表彰大会，受到党和国家领导人的亲切接见。回来后，他多次在报告会说：“劳模是集体的荣誉，我一定会倍加珍惜、继续努力，决不辜负领导和父老乡亲的期望。”5月23日，社区居民李继鹏在沭河公园救出一落水青年。7月7日，岳家村举行“莒州先锋”基金募捐仪式，许传江把在全县“七一”表彰大会上获得的1万元奖金，各捐给“莒州先锋基金”与老年幸福公寓5000元。7月，重32吨“公心流芳”泰山石在村公心文化广场雕刻完成。10月，村民尉世珍、袁丽娜荣获日照市“五好文明家庭”创建活动协调小组授予的日照市“互敬好婆媳”荣誉称号。是年，岳家村与东大街一街结成包联共建村。

公心故事一

火辣辣的压力

公心是一杆“秤”，它能称出每一位干部在群众心中的分量；公心是一面“镜子”，它能照射出一个人的行为规范乃至灵魂；公心是“试金石”，它能检验出干部对待事业、对待群众的真诚度。

第十届“公心节”当天晚上，岳家村办公楼会议室里灯火通明，这是许传江在主持召开村“两委”班子成员会议。他开门见山地说：“今天的‘公心节’办得不错，但是大家有没有觉得有火辣辣的味道呀？”这开场白让大家都一头雾水。“很正常，没什么漏洞呀！”“人多，规模也不小，很有气势。”大家在窃窃私语。

许传江说：“今天晚上会议的主要内容是研究发展问题。”他接着说，“上午的质询中，大家也都听清楚了，一是创办龙头企业加快经济发展，二是资源共享一起发展，三是发展必须下大力气培养人才。大家听听，哪个不重要？说实话，我在回答质询时头顶直冒汗。群众想到的，我们虽然也想到了，但我们准备不充分还没把任务细化，保障措施也不具体，就从这一点上说，难道还不够火辣的吗？”

诚然，农村人融入城镇、由农民变市民是好事，但他们却可能失去赖以生存的土地，如何让农民在失去土地的情况下依然保有自己的权益是个必须好好思考的问题。许传江早就认识到了这一问题，他觉得，必须立足当前面向长远，用超前思维谋划新路子，用他的话说，就是岳家村已经到了新一轮战略性经济转型升级的关键时期。要把土地款花在刀刃上，抓住东部大开发机遇“借梯上楼”，发展壮大村级经济。这就是他说的火辣辣的压力。

会议对目前正在建设的两个项目和正准备实施开发建设的三个项目进行了深入分析、讨论，大家畅所欲言，出谋划策。这是一项造福子孙后代的永久性工程，是惠及全体村民利益的重要举措。会议开到深夜，达成了项目“自建、自有、自收”的共识。会议同时还对每个项目进行了任务包保制，落实到人，分解到时间节点，细化了管理措施。

最后，许传江语重心长地说：“同志们，今天我知道‘公心节’的厉害了。公心实践的面越来越广了，这是好事，可我们能经得住考验吗？下一步，我们的形象怎么提升？村里的事业怎么发展？村民的幸福指数怎么提高？老少爷们儿的眼睛时时刻刻都在盯着咱们，外界也十分关注。‘公心节’能开到多少届？怎样做到既有兴旺的现在又有辉煌的未来，给后人留下回忆、评论、借鉴的东西？我们必须头脑清醒，严肃对待。‘大考验’还在继续，我们必须居安思危，容不得丝毫懈怠！”

◆ 公心故事二

话说公心阁

经过 20 多年的不懈努力，2010 年，岳家村的经济发展完成了由传统农业向城市经济的转型过渡；完成了第二轮旧村改造，实现了住宅楼房化的目标；同时建起了全县首家对 60 岁以上老人集中供养的老年幸福公寓。岳家村的发展充分证明，公心是廉政之本、为政之要、发展之基、和谐之魂。

2011 年 7 月 1 日，由岳家村投资 500 万元在村前公心文化广场上建设的公心阁竣工启用，同时，铭刻"公心流芳"的巨石落成。7 月 20 日，时任山东省委常委、省纪委书记李法泉在市、县相关同志陪同下来到公心阁调研公心文化建设，对公心与廉政相结合的做法给予充分肯定。他指出，莒县将公心阁作为公心廉政教育基地，这对加强党员干部队伍思想作风建设和道德修养的提升，进一步推动反腐倡廉建设和党风廉政建设教育，具有重要的警示教育意义。李法泉高兴地说："岳家村一定会更富裕，许传江同志不但要带领群众致富，同时也要将致富经传授给大家。"

公心阁的落成，记录着岳家村人勇于创业的奋斗足迹，进一步诠释了公心的内涵，全面彰显了公心的力量，成为全县、全市乃至全省的公心廉政教育示范基地。

公心阁为 4 层仿古建筑，古朴典雅，总建筑面积 600 平方米。按照其功能定位委托北京三月雨文化传播有限公司设计、装修，由莒县县委纪律检查委员会、城阳街道党工委、岳家村"两委"联合打造，为突出公心廉政文化，取名为公心阁。

公心阁面朝南大门入口两侧，悬挂着由莒县公心文化研究会会长刘庆贺撰写的大幅楹联：四重高阁雕梁画栋流光溢彩平添沭水三分秀；一片公心勤政倡廉崇德尚孝长留中华万古风。

公心阁也是岳家村的地标建筑物，仿古的建筑样式与展示内容完美融合，具有很强的观赏性、知识性和教育性。其外围墙基部分为铜制浮雕《贤相八图》，选取从西周到明朝有代表性的8位贤相，展示了他们勤政廉政的感人事迹。

公心阁里展示了什么？公心阁内的布展以“公”“廉”“德”“孝”为主题内容，纵横交织，全方位、广角度展示公心廉政建设的重要性及重大成就。步入一楼，首先映入眼帘的是伟大领袖毛主席的塑像，塑像后影壁是毛主席手书题词“为人民服务”5个金光闪耀的大字，这是我们党全心全意为人民服务的根本宗旨，也是公心文化的根本理念。左右两侧为公心语录墙，展示的是古代文献中有关公心的一些论述语录。大厅立柱上张贴着有关讲公心、抓廉政的楹联，与展厅版面交相呼应，相得益彰。天花板上的大型吊灯为春兰图，上书有清代康熙皇帝的《咏幽兰》诗：“婀娜花姿碧叶长，风来难隐谷中香。不因纫取堪为佩，纵使无人亦自芳。”象征着公心阁清正廉洁的环境氛围。影壁右侧的5个版面展现的是毛泽东、邓小平、江泽民、胡锦涛、习近平等党和国家领导人关于公心的重要论述。后面展示的是“公”和“公心”的起源及发展。依次为公心文化的核心理念、内涵、行动准则，公心实践的3大精神、4个精神、8大载体及《公心赋》等。

二楼以岳家村发展历程和公心思想的形成为主线，展现岳家村人公心实践和艰苦创业的非凡成就。其周围是32幅风景画，立柱上配制的楹联与正文板块彼此呼应。整个展厅由主体墙、成就篇、实践篇、创业篇、发展篇和腾飞篇等6个部分组成，图文并茂，朴实无华。中间穿插体现公心内涵的典型事例和许传江具有代表性的公心感言，图片主要集中展现岳家村 30 多年来的经济发展足迹与成绩，既有直观的成果展示，又侧重创新性、思想性和前瞻性的公心理论研究概述，具有很强的启发性、可借鉴性和可操作性。

三楼展示的是廉政文化建设，吊顶上鲜艳的秋菊与陶渊明的诗词相融，描绘出了一幅古朴纯真的清廉画卷。整个展厅分 6 个板块，正面 3 个板块是古今廉政方面的楷模人物事迹、廉政格言、廉政公益图画。这些古今先贤所彰显出的忧国爱民、廉洁勤政、无私奉献的精神，永远值得后人学习与传承。背面 3 个板块展示的是关于廉政的格言警句，分别是对“廉”和“廉政文化”的解读；公心文化与廉政文化的密切关系；为民、务实、清廉，立德、立功、立言，公生明、廉生威，三字官箴；清、慎、勤，讲党性、重品行、作表率等古今从政格言、名句及精神追求。中间及围墙穿插着精致的廉政图画，总体布局庄重典雅，大气浩然。

四楼主要展示的是《二十四孝图》故事和优秀的儒家传统文化。在《二十四孝图》上边还书有和、德、孝、仁、义、礼、智、信、温、良、恭、俭、让、诚等方面的至理名言，代表着儒家的道德修养与传统美德。其吊顶是冬梅和王安石的咏梅诗词相匹配，描绘出了一幅古朴新颖的清廉画卷。德为孝之源，孝为德之本。通过对大量“孝德”故事的诠释，揭示了中华传统文化把自律、自省、修己视为为人处事的基础和根本，强调了新时代党的领导干部要把“德政”和“政德”有机统一于治国安邦和为人民服务之中，要始终“常修为政之德，常思贪欲之害，常怀律己之心”。我们的党员领导干部必须厘清“为官”与“做人”的关系，必须明确“官”气正则民风清，人格支撑“官”德，人品提升“官”品的道理。深刻把握好领导干部的从政道德对社会道德及家庭伦理道德的示范与引领的重要性。

公心阁乃廉洁勤政之碑，乃功德大爱之碑，这是弘扬公心智慧之集成，这是公心文化光亮之闪耀。故，谨抄录刘庆贺会长诗词《公心阁》一首，以记之：

平畴百里古城东，一阁巍然气势雄。
玉砌流光迎晓日，雕栏溢彩沐春风。
近连沭水千重碧，遥染楼山万点葱。
大道公心布天下，临轩极目见飞虹。

第十一届“公心节” 公心育人 文明兴村

2011 年 11 月 1 日 星期二 多云

2011 年 11 月 1 日，岳家村第十一届“公心节”暨莒县公心文化研究会成立大会在老年公寓礼堂举行。市农校、县委、县政府、县人大、县政协、县纪委领导同志，县直机关纪检组组长、城阳街道党委、各村党支部书记、岳阳村部分村民及社会各界人士 800 多人参加。大会由莒县公心文化研究会会长刘庆贺主持。本届的主题是：公心育人，文明兴村。

会上，莒县县委常委、县纪委书记秦玉贺为日照市廉政文化示范点授牌，县民政局局长来永超宣读了《关于莒县公心文化研究会注册登记的批复》。刘庆贺介绍了莒县公心文化研究会的组织机构设置情况，岳家村社区“两委”干部逐一作了述职报告。

许传江在述职时激情洋溢地说：“我们岳家村的发展，必须靠‘公心育人，文明兴村’的治村理念，经过这些年的公心实践，我越来越认识到‘发展万变，公心不变；需求万变，努力不变’的正确性与重要性。下一步，我们必须更加注重对公心思想和道德文化的学习和研究、传承和弘扬，让公心精神更加发扬光大，让公心价值更加实惠！”最后，秦玉贺围绕“有公心就有智慧和办法；有公心就有勇气和力量；有公心就有党性原则；有公心就有群众观念；有公心就有凝聚力和向心力；有公心就有执行力和号召力；有公心就有和谐发展的大好局面”等方面发表了讲话。

会后，与会人员观看了由日照市艺术剧团演出的文艺节目。

◆ 2011 年公心纪事

2011 年 1 月 28 日，莒县县委书记刘兆亮，县政协、县总工会有关领导一行到岳家村看望全国劳动模范、省人大代表许传江。3 月 30 日，许传江在市政府召开的“乡村之星”表彰大会上，被授予全市“乡村之星”荣誉称号。当日，省民政厅厅长张国琛在副市长孙雨、县委书记刘兆亮、城阳街道党工委书记吴锡华等陪同下到岳家村社区、老年幸福公寓进行实地调研。5 月 10 日，时任第十一届全国人大常委会副委员长司马义·铁力瓦尔地，在省、市、县有关领导陪同下，来岳家村老年幸福公寓视察。在老年幸福公寓，司马义·铁力瓦尔地听取了许传江的情况汇报，并与许家俊老人、李茂昌夫妇进行了亲切交谈，对岳家村人“以公心为支撑，加快新农村建设”的做法予以充分肯定。5 月 18 日，省委第六巡视组组长蒋文彩等一行，在市、县、街道等有关领导陪同下到岳家村专项巡视换届风气工作。5 月 21 日，许传江将其获得的全市“乡村之星”年度补贴 9600 元，捐赠给老年幸福公寓。6 月 4 日，新华社山东分社内参部主任董学清、省新闻署处长王加胜到岳家村调研。6 月 23 日，许传江被山东省公安厅聘请为“省公安系统社会监督员”。7 月 20 日，省委常委、省纪委书记李法泉，在市、县有关领导陪同下来社区党委、调研公心廉政文化建设及村务监督工作。在察看了社区“公心廉政文化教育示范基地”公心阁后，李法泉说：“岳家村一定会更富，许传江也要传人！”7 月 29 日，党员教育电视片《“公心”书记》，在全省“百部优秀”电教片活动中被评为优秀电教片。8 月 3 日，副省长孙伟，在市、县有关领导陪同下到岳家村调研。8 月 12 日，岳家村荣获国家人口和计划生育委员会、中国计划生育协会授予的“人口和计划生育基层群众自治示范村居”称号。8 月 28 日新学期开学之际，许传江代表村“两委”通过莒县一中向在读特困大学生提供助学金 5 万元。9 月 29 日，山东省庆祝老人节大会在山东会堂召开。岳家村作为受表彰的村居之一受奖，梅继竹受村党支部委托参加了表彰大会并上台领奖。10 月 14 日，全国人大代表、全国劳动模范、新泰市新汶街道孙村党委书记、新泰新汶实业总经理牛宝伟一行 30 余人到岳家村参观考察。12 月 28 日，在全县孝老模范表彰大会上，谷明兰荣获“莒县十大孝星”称号。

◆ 公心故事

拆掉“大喇叭” 说话面对面

雁飞千里靠头雁，船载万吨靠舵人。农村“两委”班子团结不团结，凝聚力强不强，关键在“班长”。2011 年 5 月 11 日，在岳家村社区党委扩大会议上，许传江讲道：“把自己放到悬崖上是一种清醒，把同志放到悬崖上是一种失败。如果你把同志放到了悬崖上，那叫团结吗？我希望大家时刻坚持换位思考，时刻保持头脑清醒！”他认为，当好一名优秀的农村基层党组织书记，必须敢于担当、善于担当；敢于斗争、善于团结，一定要记住团结就是力量。

怎样实现“公心育人，文明兴村”的美好愿望？我曾多次就“自治、法治、德治”三治融合的问题与许传江进行交流、探讨。在许传江看来，这三者缺一不可。在谈到村民自治时，他给我讲了一个大喇叭的故事。

“20 世纪 80 年代的农村，没有电话，召集村民开会，贯彻传达党的方针、政策，全靠大喇叭。还有就是利用大喇叭说事、拉理、开展教育。过去因为穷，偷鸡摸狗，啥事都有。比如说，村里发生了偷盗行为，人被派出所带走了，这是丑事，打了老少爷们儿的脸，不光彩，我的心里也不是滋味。但是，为了整治，我必须坚定信心，敢于面对。于是，我就在大喇叭里喊话，谁家的孩子犯法了，叫派出所带走了，你当爹娘的丢不丢脸？你叫他爷爷奶奶的脸往哪儿搁？快去赔不是，承认错误，犯罪了就老老实实接受惩罚。但其实呢，生气归生气，还必须考虑老少爷们儿的面子，罚归罚，还是以教育为主。所以，对有小偷小摸行为的人，我就承认对他们没管好的错误，保人是我，领回来，好好教育。那些年被我领回来的人不止一个，他们后来都有出息了，陆陆续续都成了干事创业的富裕户、孝敬老人的光荣户、遵纪守法的带头人。我想，这也是法治与自治结合的结果吧！现在听起来像是笑话，可在那时也没有别的好办法。”说着，许传江哈哈地笑了。

是呀，物质决定意识。因为穷，吃不饱饭，人的思想和行为就难以管理。“时间短了办不到，时间长了不等人，我们必须在两年之内摘掉‘小偷小摸村’‘打架斗殴村’的帽子。”这是上任伊始，许传江在全村党员大会上的铮铮誓言。经过几年的努力，他当初的誓言也已经实现了。

谈到村级治理，许传江感慨地说：“一项制度的实施、一种文化的传播，单靠一个人、几个人是不行的。从那些年开始，无论推行一项制度还是讨论一项工作，我们都要召开多次会议，面对面讲话、心贴心讨论，事情商量着就好办。比如实行户连户、干部包片入户等措施，大家心平气和、推心置腹地议事谋发展。大家的心静了，村风、民风就越来越好。为了不扰民，我就把大喇叭拆掉了，岳家村这大喇叭也就完成了自己的历史使命。”

以德治扬正气，春风化雨淳民风。许传江认识到，不断提高全体村民的思想道德素质、科学文化素质和身体健康素质，是构建乡村文明、实现全村跨越发展的重要一环。建设社会主义新农村，归根到底要靠群众整体素质来支撑，要让岳家村真正文明富裕，就必须在“德”字上下功夫。1997年，岳家村成立了村民代表议事会和民主理财小组，同时，评选了“五星级”文明干部、“五星级”文明户、“好媳妇”及“好婆婆”，村“两委”进行表彰，拉开了文明创建活动的序幕。

从《岳家村村民自治章程》的实施到村民自治《知情选择协议书》的签订，再到《岳家村村民家规》的出台，岳家村人在由“自治”到“德治”的进程中迈出了可喜的一大步。

第十二届“公心节” 公心融入社区 共建美好家园

2012 年 11 月 1 日 星期四 晴

2012 年 11 月 1 日，第十二届“公心节”庆祝大会在老年公寓礼堂隆重举行。城阳街道全体脱产干部、各村党支部书记、莒县公心文化研究会会员、岳家村村民代表及社会各界人士 800 多人参加。会议由城阳街道办事处副主任赵廷升主持。会上，岳家村“两委”干部作了述职报告，并接受了村民质询。

◆ 2012 年公心纪事

2012 年 2 月，岳家村妇代会荣获山东省妇女联合会授予的“全省妇联基层组织建设示范村居”称号。3 月 31 日，山东乡村文明行动组委会成员在市、县、街道有关领导陪同下，到岳家村社区莒州文街调研。5 月 21 日，岳家村从费县采购 28 吨泰山石落地社区公心文化广场，并落款刻字：公心文化广场。10 月 1 日，社区塘子村村民张传政在村稻田制作高 63 米、宽 91 米的繁体“龙”字，落款为岳家村。该字高 91 米，寓意象征中国共产党建党 91 周年；63 米，寓意象征中华人民共和国成立 63 周年。10 月 25 日，岳家村社区荣获国家人力资源和社会保障部授予的全国第二批国家级“全国充分就业示范社区”称号。11 月 26 日，岳家村住户全部实现免费供暖。是年，岳家村社区党委获得“创先争优全国先进基层党组织”荣誉称号。同时，岳家村党支部荣获中共中央组织部授予的“全国创先争优先进基层党组织”荣誉称号。

◆ 公心故事

五种人不能用

岳家村社区位于老城区与新城区之间，南边的几个村面临城区道路建设、公共场所建设等情况，需要进行大量拆迁。而北边的几个村随着莒县经济开发区项目用地的开发，同样需要拆迁腾地，真可谓是“南北夹击，左右受困”，这些拆迁、安置、就业问题给村干部带来了不少的困惑。

如何将公心融入全社区，融化在每个人的心里，用公心赢得人们的信任、消除少数人心中的怨气呢？许传江也费了不少脑筋。

在 8 月份的社区干部专题学习会上，许传江提出了两个问题与大家一起分析、讨论。一个是村民关注的“吃亏与占便宜”的问题，他说：“我们每一位村干部都必须首先摆正‘吃亏与占便宜’的关系。吃亏就是福，善于吃亏的人也是占大便宜的人，这就叫能舍才能得。敢于吃亏的人是有高境界的人，而挖空心思贪占小便宜的人是狭隘的人。事实证明，一个好的班子队伍，必须做到对党忠心耿耿，必须时时刻刻从公心至上、集体利益至上的利益观出发，坚持老百姓的利益至上。团结一致、同心同德、互敬互尊、以上率下，树立起良好的村风、民风，这是新农村建设的基本点！”

打铁还靠自身硬。许传江认为，在当前的经济转型期，面对方方面面的利益分配格局，各村虽然情况不同，但出现的新问题、新情况却大体相似，那就是积累数年的家庭之间、干群之间凸显的利益矛盾。有的在宅基地所有权、老房换新房的归属等方面闹出了不少笑话，有的甚至诉诸法院。对这样的新动向、新问题、新矛盾，作为村“两委”干部必须要有清醒的认识，以讲公心为利剑，为加快发展创造和谐的环境。

在这次专题学习会上，许传江提出了 5 种人不能用：一是政治立场不坚定，大局意识不强，没有正义感，不能扶正压邪、遇事没有态度分不清好坏的人不能用；二是事业心、责任感、紧迫感不强，没有干事创业欲望与激情的人不能用；三是目光短浅，没有长远眼光，只顾眼前利益，做事顾头不顾尾的人不能用；四是故步自封，不善于做思想工作，不能管理和服务一方的人不能用；五是公私不分，贪占小便宜的人不能用。

大会对这 5 个方面进行了严肃深入讨论，并决定以会议纪要的形式发给社区村民进行学习。同时会议要求社区所有村干部自我对照剖析，有则改之无则加勉。这一举措很大程度上增强了村干部敢管、敢干、敢于挑战自我的勇气，也为促进干群关系融洽提供了新动力。

第十三届“公心节”　公心向党　公心为民　公心处事　公心律己

2013 年 11 月 1 日　星期五　小雨

2013 年 11 月 1 日，第十三届“公心节”在岳家村老年公寓礼堂隆重举行。本届“公心节”在岳家村设主会场，各乡镇设分会场，通过电视直播信号向全县直播。县委、县政府、县人大、县政协领导，县直部门主要负责人，各乡镇党委书记，城阳街道各村“两委”成员，社会各界人士及岳家村村民代表 820 人在主会场；全县各乡镇村“两委”成员以上干部在各自乡镇驻地进行观摩、参会；全县脱产干部分别在办公所在地或家中收看。本届“公心节”的主题是：公心向党、公心为民、公心处事、公心律己。

大会分两个阶段进行。第一阶段是现场观摩，在观看了岳家村 30 年公心实践专题片后，城阳街道党委书记吴西华汇报了全街道开展公心实践工作的情况，接着岳家村“两委”干部进行述职，然后群众代表进行现场质询，由村“两委”干部现场解答。大会第二阶段由县委副书记、县长王洪彩主持，县委书记、县人大常委会主任刘守亮发表讲话。

刘守亮从什么是公心讲起，他对岳家村连续13年举办“公心节”，让村干部上台述职表公心、亮公心，让群众评公心、议公心，密切党群关系、干群关系，增强凝聚力和向心力的创新举措给予充分肯定和高度评价。岳家村人几十年如一日坚守公心，践行公心，干事创业，成就斐然。他号召全县各机关各部门特别是农村干部要好好地学习借鉴。

刘守亮说，公心是党员干部的价值追求，党员干部必须讲公心，一心向公，公心为民。我们的广大群众也要讲公心、顾大局。岳家村党员干部的公心实践为我们树起了标杆，做出了样板，值得大家在各自的岗位上学习与实践。在讲到为什么要讲公心时，刘守亮指出，讲公心是党员干部加强党性修养、坚定理想信念的重要基础。讲公心是赢得民心、做好群众工作的重要前提，讲公心是营造良好民风、和谐村风的有效途径，讲公心是干事创业、推动发展的动力之源。关于怎样践行公心以及践行公心必须处理好“四个关系”的问题，刘守亮强调，践行公心要从自身做起，严格要求，顾全大局，从小事做起，同时要处理好“公与私”的关系、“言于行”的关系、“点与面”的关系和“干部与群众”的关系。全县、乡、村三级党员干部都要讲公心，这是关键。只有干部带头讲公心，群众才能被带动起来，以公心评价干部，这样一来，公心把干群联结在一起，从而形成建设社会主义新农村的强大合力。全县各级领导干部一定要亲力亲为，做到公心向党、公心为民、公心处事、公心律己的基本要求。

会上，县委印发了《关于在全县农村（社区）举办“公心节”的实施意见》。意见要求：每年 12 月 25 日前，全县各村都要过一次“公心节”。

2013 年公心纪事

2013 年 1 月 19 日，中共城阳街道岳家村社区委员会第一次党员大会召开，全社区 200 余名党员参加了会议。会议选举产生了岳家村社区党委领导班子。许传江当选为党委书记，街道挂职干部生安升当选为党委副书记，辖区村党支部书记等 9 人当选为委员。1 月 20 日，岳家村投资建设的新世纪蓝湾购物广场正式营业。3 月 20 日，“山东省第十届文化艺术节”筹委会一行来岳家村考察调研。5 月 10 日，国家人力资源和社会保障部副部长胡晓义，在省、市、县有关领导陪同下来社区考察。7 月 2 日，市委书记、市人大常委会主任杨军率全市半年现场观摩会全体人员，来社区改造工程工地观摩督导。8 月 10 日，日照市诗词协会会长辛崇发率“中国梦 • 公心文化采风活动”组一行 30 余人来社区采风，创作诗词作品 60 余首。11 月 13 日，社区第一届居民委员会选举大会召开，各村设分会场。大会选举产生新一届居民委员会委员，组成人员分别为：何兴聪、李存、李永明、严孝峰、于名香、许传江（岳家村）、张开平（马庄）、石少奇（钱家村）、张兴福（塘子）、李竹文（东关四街）、田福成（付家洼）、冯百俊（大桃园）、武运刚（大桃园）、刘存全（小桃园）等共 14 人。11 月 14 日至 17 日，许传江赴烟台，参加山东省第二批群众路线教育活动座谈会。会上，许传江作为农村支部书记代表作了题为《真心实意为群众》的发言。11 月 30 日，山东省纪委副书记李琥在市、县有关领导陪同下来岳家村调研。李琥一行实地察看了全省廉政文化教育基地——公心阁，听取了许传江的汇报，对岳家村廉政建设的方式、方法及成绩高度赞赏。10 月 20 日，岳家村德孝阁建成并启用。12 月 30 日，全县被征地农民退休证与政府补贴首发仪式在岳家村举行。这是加快城乡融合发展的崭新举措。

◈ 公心故事一

讲公心靠实干

莒县是拥有 110 万人口的农业大县，农业农村工作量大面广，加强农村基层党组织建设一直是莒县县委牢牢抓紧的“牛鼻子”，为了提升农村“两委”班子的信任度、战斗力，第十三届“公心节”轰轰烈烈地把全县各级领导干部，特别是村“两委”干部推向了要干就要讲公心的前沿。

空前的大会，巨大的力量，许传江肩上的担子更重了，不断地被乡镇或部门邀请作报告。无论在哪里作报告，他总是把“讲公心、靠实干”作为一项重要内容。他多次说，讲公心就要带头实干，一心一意谋发展。不少人认为，只要管住自己，不贪不占、不歪不斜就是讲公心，这太片面了。还有些人对讲公心只停留在“嘴动心动没有行动”的层面，村里穷得叮当响，多少年来不变样，这样的话，你再怎么崇尚公心也是空谈。喊破嗓子不如俯下身子、干出样子、干成事情，惠及百姓，这才叫公心为民。

到 2013 年底，岳家村已投资 3 亿多元先后建成第六中学、城阳医院、新世纪蓝湾购物中心、莒州文街、莒县疾病控制中心等项目，村集体固定资产日益雄厚，集体收入不断增加，仅租金收入就达 790 万元。是年，还为 502 名村民每人补助一万元办理了失地农民养老金保险。

实干成就梦想，这是岳家村发展的真经。

◆ 公心故事二

以心换心

我们用唯物辩证法的观点来思考公和私的关系就会明白，公和私是一对互相依存的矛盾体。没有公就没有私，没有私也就没有公；为私就要为公，为公就是为私；损公就要损私，损公肥私最终要损私。就拿一个处在低洼地带的村庄来说，一下雨就被淹，大家的日子都不好过，这就需要挖沟排水。可是，这是全村人的事，需要大家商量着办、共同办，如果有一家因为需要付出自己的一点利益，既不尊重现实也不支持参与，漫天要价，那这事就办不成了。由此可见，先公后私，以心换心是何等的重要。

船的力量在帆上，人的力量在心上。“公心为民，民心向公”，这是在岳家村到处都会看到的一条宣传语。这句在公心实践中总结出的话说起来容易，可用实践成果来解释并不容易。对此，我的理解是“公心民心一条心，齐心协力定铸金，拆旧换新上了楼，沭河朝阳岳家村”。

许传江跟我说过，要当农村干部必须做到两条：一是坚定不移跟党走，二是甘当人梯为村民。对！这是我们永远的追求、永远的向往！

记得在“公心节”大会上，分到楼房的村民岳兴宇激动地说：“一说起公心，我心里就热乎乎的，因为公心有盼头、有温度，我相信咱们岳家村的所有村民都有这种感受。这几年，我一直在工地上干活，亲眼看见书记与村里一班人都耗在工地上，既是指挥员又是建筑工人，昼夜奋战，拼命干活，大家想想，一下子盖起了这么多楼，这么大的规模，这得有多大的财力、物力啊？真是不容易。而且，村干部不吃请、不收礼，一视同仁、一身正气，把亲朋好友揽活的、卖材料的都拒之门外，得罪了不少人，都是为了把质量提到最高，把价格降到最低，为村民谋利益，难道我们不心服吗？现在，我兄弟四家全都搬进了楼房，这是多么光荣的事呀！俺娘那个高兴劲儿是无法用语言来表达的。所以就天天嘱咐我们‘村里把楼给咱盖起来了，这得花多少钱？我想都不敢想，你们要好好听村里领导的话，用心在村里把活干好’。”

“房子建好了，也入住了，看着像是有家有业了，但我们绝对不能自满。我们必须牢牢记着村民心里想什么、我们该做什么，他们提出的要求我们能不能做到，他们没有想到的事情我们能不能想到。这就是咱当村干部的本分，这是我们共产党人公心为民的要务。”第一批村民乔迁新居后，称赞声来了，村“两委”个别人产生了一点沾沾自喜的想法，许传江觉察到了，认为这是个思想问题，必须立刻纠正，就在全体党员大会上做了上述要求。

沾沾自喜要不得，停滞不前更可怕！社会主义新农村是干出来的，不是想出来的，唯有做好每一件事情，脚踏实地一步一步向前奔，才能实现我们的美好愿望。

我曾与一位保洁员交谈过，她每天会分早上、中午、下午三次把自己负责的卫生保洁区打扫干净，一个烟头都不放过。她见人就笑，话语中还老是传递着上级和村里的有关讯息，既是保洁员又是宣传员。

我问她：“天天这么干活累不累呀？”

她说：“习惯了，心情好，不觉得累。”

“那你天天这样干活，有空照顾家吗？”

“没事，儿子在大学读书，他爸在村里建筑公司当技术员，公公、婆婆在老年幸福公寓，没有什么挂心事。”

“那干这话工资待遇有多少呀？”

“工资加分红，不固定，反正年年都涨。”

“大家都感谢你们，你这责任心或者说‘公心’真不一般！”

“看你说的啊！不是我的‘公心’好，是党的‘公心’好，是俺村的干部‘公心’好。”

诚然，锅里水烫，源自灶里火旺。公心的火焰时刻燃烧在每个人的心里，奋斗不止，永远前进。

第十四届“公心节” 以公心践行党的群众路线

2014 年 11 月 1 日　星期六　阵雨

2014 年 11 月 1 日，第十四届“公心节”庆祝大会在老年公寓礼堂隆重举行。城阳街道全体脱产干部、各村党支部书记、岳家村社区各村党员干部、岳家村村民代表及社会各界人士 820 人参加会议。会议由城阳街道办事处副主任汤启香主持。本届“公心节”的主题是：以公心践行党的群众路线。

莒县公心文化研究会会长刘庆贺是公心文化践行与研究的推动者，也是为之倾心探索的学者。他在当天的致辞中说，公心文化不是一句话、一件事，也不是一天两天形成的，它是古往今来中华文化在继承与发扬中形成的创新式文化体系，是与党领导人民在伟大革命实践中的无穷魅力一脉相承的，是与我们的“本色精神”一脉相承的，是与许传江同志爱党、爱国、爱村民的家国情怀一脉相承的。事实证明，公心文化见证了改革开放以来社会主义新农村建设的伟大成就，这是党的农村基层组织建设和村级集体经济发展的宝贵财富。我们必须高举旗帜，大力弘扬与践行。

许传江在述职中说，每到这个节日，我们村“两委”一班人总是感觉既高兴又有压力。高兴的是我们的日子越过越红火，“公心节”年年都有新内容、新气象，一年比一年精彩和厚重。那压力是什么？是发展！是怎样更好地提升村民的幸福指数！怎样时刻当好排头兵！2014 年，我们在开展党的群众路线教育实践活动中，严格按照“为民、务实、清廉”的要求，潜下心来深刻剖析，对标定位，自我警醒。一开始，党支部一班人就围绕为什么现在政策越来越好、生活也越来越幸福，可做群众工作的能力反而下降了这个问题展开讨论。其根本原因就是密切联系群众工作做得少了。对此，村党支部广泛征求村民意见，深入开展批评与自我批评，认真查找问题进行整改。一方面通过加强政治理论学习，提高了全体党员的党性修养，增强了齐心协力抓发展的激情。同时，通过集中学习入户座谈走访，干部愿听真话，群众敢讲真话，淳朴的村风、民风更加浓厚了。这是公心的力量，这是党的群众路线教育的丰硕成果。

◆ 2014 年公心纪事

2014 年 1 月 4 日，岳家村集体出资为村民缴纳新农合医疗保险，每人 80 元。1 月 10 日，举行全村失地农民养老保险专项宣传推进会议。村“两委”决定，对参加保险人员每人补贴 1 万元，并垫付县级财政补贴 7000 元。3 月 12 日，山东省委常委、宣传部部长孙守刚，在市、县、街道有关领导陪同下来社区检查指导工作。5 月 14 日，山东省委副书记、省长郭树清，在市、县、街道领导陪同下，视察社区老年幸福公寓，慰问老年人，了解公寓运营情况。6月24日至27日，许传江参加省人大组织的为期4天的经济社会发展培训班集中活动。9月26日，《人民文学》副主编宁小龄、《中国作家》副主编王山、《人民日报》文艺评论版主编刘琼、《文艺报》评论部主任刘颋、《中国青年报》文艺部主任徐虹、新华社《瞭望》周刊首席记者柴爱新、《人民文学》杂志社编辑部主任徐则臣、数字媒体部主任盘索、《光明日报》首席记者饶翔、《中华读书报》首席记者舒晋瑜一行，来社区就公心文化采风。县委书记刘守亮，县委常委、宣传部部长曹临，县文联副主席朱庆波，莒文化研究院院长刘维勋，县作家协会主席孟凡金陪同参加活动。11月7日至9日，岳家村办理2015年度农民合作医疗保险。按照上级要求，新农合本年个人共承担100元，村集体为绝大多数村民补贴50元，村民个人承担50元。11月23日，第十八届“山东美术新人作品展”在莒州文衙开幕。

◆ 公心故事一

称谓的味道

称谓是人们为了表示相互之间的某种关系，或为了表示身份、地位、职业而使用的一些称呼。在岳家村的采访中，人们对许传江不同的称谓让我有了一些不同的感受。

“书记。”这是村“两委”班子成员对他的称谓。

“俺书记。”这是村民对他的称谓。

“传江书记。”这是长辈对他的称谓。

“许书记。”这是外来人对他的称谓。

“传江同志。”这是党组织活动成员对他的称谓。

人跟人的称谓是有讲究的，通常都有规律或固定模式来遵循。你仔细琢磨人们对许传江的称谓，虽然每一种都不同，但里面有一个共同点，那就是都饱含着对许传江的信赖与敬佩。

◆ 公心故事二

“公平交易街”与“公心店铺”

在深入开展党的群众路线教育实践活动征求村民意见的时候，便民商场的有些业主提出了对商场基本设施进行改造提升的建议。许传江就带领支部成员到现场与业主交流座谈，两天后就拿出了改造提升的施工方案。

原来，为了让村民能吃上新鲜蔬菜，也为了给在河边零星地块种植蔬菜的村民提供卖菜场所，前些年村里就在老年公寓的前面建了一个便民商场，虽然都是用砖块、水泥砌成的售货台，可在当时已经算很好的条件了。新鲜蔬菜、手工熟食、各种水果、肉类、海鲜，应有尽有。便民商场的物品安全新鲜，物美价廉，更重要的是这里的业主们态度和气，公心经营，结下了广泛的人缘，所以，四邻八村及城里的人都喜欢前来购买。但是，随着经济社会的发展，这种露天经营场所就显得有些落后了，改造升级势在必行。

这次便民商场的改造升级采用玻璃钢瓦材料，在不减少原有营业面积的前提下，仅用了20天的时间，一个崭新的室内便民商场便呈现在了人们的面前，并更名为“公平交易街”。经营业主们笑逐颜开，如同搬新家，高高兴兴地开始了新的经营、新的生活。

那么，“公心店铺”又是怎么回事呢？在岳家村的大街小巷，分布着大大小小、门类齐全的沿街商铺，水果店、熟食店、服装店、理发店、百货店等等，每个商铺的门面都镶有一块“公心店铺”标识的匾牌。

这天，我采访了几家“公心店铺”。有一家食品店店主是一位中年妇女，待人很热情。

“你们这么多‘公心店铺’平日里由谁来监督？谁来管理呀？”

“我们自己管自己呀，不用别人管，靠自觉！”

“那你们是怎样看待这‘公心店铺’的‘公心’两字的呢？”

“公心对待客户，公平、公正做买卖，赚良心钱就行了。”店主不加思索地说。

“做买卖就是为了赚钱，没有私心怎么赚呢？”这话我问得有点扎心。

“同志，你这话就有点不对了，你不要认为做买卖的人都有私心，这是不对的。话说回来啦，公平、公正做买卖赚钱是合法公道的，那可不是什么私心呀，那是百姓生活。虽然社会上有靠投机取巧、短斤缺两、以孬充好做买卖赚黑心钱的，可在我们岳家村没有，绝对没有！我们书记老是教育我们，诚信经营，公平交易，凭公心做买卖赚钱好，光荣！”店主这一番话，对我冲击很大，完全打破了我以前的旧思维。

还有那位被称为“煎饼专家”的钱大嫂，有身有力，为人厚道。她烙的煎饼始终保持着传统的莒州风味，手工制作，不干不湿，口味纯正，去外地走亲访友带礼品的人都还要提前预订。很多人主动提出来叫她提提价，可她就是不提，这几年来一直就是一个价。我问她原因，她回答说：“做买卖不能光看着钱，还是人品和信誉值钱。”

讲公心的人做公心买卖，这就是“公心店铺”。

第十五届“公心节” 公心让社区更美好

2015 年 11 月 1 日　星期日　阴转晴

2015 年 11 月 1 日，岳家村第十五届“公心节”庆祝大会在老年公寓礼堂隆重举行。城阳街道全体机关干部、岳家村社区各村党支部书记、党员干部、岳家村村民代表及社会各界人士 810 人参加庆祝大会。会议由城阳街道办事处副主任汤启香主持。本届“公心节”的主题是：公心让社区更美好。

莒县公心文化研究会会长刘庆贺致辞后，社区各村支部书记、岳家村“两委”成员进行了述职、质询和解答。会后，全体与会人员观看了由岳家村村民自编自导自演的文艺节目。

◆ 2015 年公心纪事

2015 年 1 月 15 日，《中国作家》刊发了由孟凡金撰写的报告文学《公心谱》。5 月 24 日，新华社记者来社区采访调研新型社区运转模式和“公心节"经验及基层组织建设情况。5 月 31 日，岳家村代表队运动员陶玉华在河南举行的 2015 年"全国铁人三项精英赛"中，荣获业余女子全程 45 岁至 54 岁组亚军。7 月 3 日，山东省双拥模范城考评组在市委副书记、市双拥领导小组组长孟庆斌等领导陪同下，来岳家村社区检查考评双拥模范创建工作。8 月 6 日，90 户老年村民迁居新建老年公寓 7 号楼。8 月 24 日，114 户大龄青年迁居大龄青年 1 号楼。8 月 5 日，山东省文化强省建设先进市县考评组来岳家村社区检查验收，对社区文体活动室、儒学讲堂、书画室、荣誉室、图书阅览室进行了考评。11 月 3 日，许传江赴杭州参加全国第三届"村官大讲堂"，并发表演讲；12 月 6 日，许传江与村"两委"成员一起为 103 岁的许衍瑞老人祝寿，并亲手将 1 万元"敬老奖金"发给老人亲属。12 月 9 日，许传江参加在日照召开的省政府党组成员"三严三实"征求意见座谈会。12 月 19 日，莒州文街创建国家 AAA 级旅游风景区工程顺利通过验收。是年，为扩大村集体固定资产积累，岳家村投资近 1 亿元建设了面积 16145 平方米、高 13 层的写字楼和面积 10718 平方米、高 11 层的写字楼各一幢，分别由县委、县政府和城阳街道办事处租用办公。投资 1.6 亿元、建筑面积 4.6 万平方米的 2 栋高层公寓楼于 8 月份竣工启用。自本年度开始提高优抚待遇，标准为老复员军人每人每月补助 732 元，带病回乡的退伍军人每人每月 360 元，对越自卫反击战退伍军人每人每月 360 元，烈属子女每人每月 200 元，现役军人每人每月 10 元。

近年来，随着村集体经济的不断发展壮大，村民分享公心成果的项目也越来越多。

◆ 公心故事一

妇女顶起了半边天

要说老年公寓里的工作人员，就不得不说谷明兰。1961 年 11 月出生的谷明兰娘家是陵阳镇庄科村。1991 年 2 月任岳家村妇女主任，负责计划生育工作。1994 年 8 月，加入中国共产党。1998 年 2 月至今，任岳家村党支部委员、村委委员。1982 年 8 月参加了团省委第七次代表大会，同年 12 月参加了共青团中央第十一次全国代表大会。2000 年 9 月，被评为全国优秀计划生育中心户组长。2013 年 5 月，荣获日照市“十大孝星”称号。

2009 年 9 月，岳家村成立老年幸福公寓监督管理领导小组，谷明兰任组长。当时，许传江跟她说：“要把全村的老人当成自己的父母去孝敬，对待老人，要做到管得再多也不多、管得再宽也不宽。”自担起这副担子至今，谷明兰早出晚归，全身心地为老人服务。对于不能自理的老人，她亲自给洗衣叠被、打扫卫生、端水喂饭，从来不嫌脏、不埋怨、不叫苦、不怕累，精心护理；对于身体有疾病的老人，她定期带着医生上门为其检查身体，并记入档案。

一日三餐，饮食起居的安全是大事。为了保证和改善饭菜质量，她自学营养搭配方面的知识，细心研究食谱，保证食堂餐餐不重样。为了让老人们吃上新鲜的无公害蔬菜，她向村“两委”申请了用地和资金，建了以 8 个冬暖蔬菜大棚为主的幸福公寓绿色蔬菜基地。有时吃不了就分给村民，把种植基地的功用发挥得淋漓尽致。同时，为了老年人的身体健康和生活乐趣，谷明兰从前些年就组建了老年人文艺宣传队，亲自担任秧歌、舞蹈教练员，经常带领大家或登上舞台或走向街道演出。社区的人都习惯了，只要听到锣鼓声，就知道是幸福公寓的老人在搞活动。

我在采访中问谷明兰：“你几十年如一日，这颗耐心是怎么练成的？”

“只要时刻把公心处事放在心上，人就什么烦恼也没有了。说实话，这么大个摊子，又是做服务工作，有时也会有烦心的事，可我从不冒烟起火，天长日久，性子也就磨炼下来了。”谷明兰的回答非常坦然。

“我看过一个数字，随着就餐人数的年年增加，现在已达到了 322 人，你的压力大不大？”我又问。

“一点也不觉得大，因为我们有经验了，而且整个集中供养体系非常健全，老人们的素质也很高，大家都像一家人一样和谐相处。”谷明兰的言语里充满着幸福与自信。

这些年，老人们都夸谷明兰人好，心眼好，是大家的好闺女。我觉得这是发自肺腑的赞美，这是名副其实的荣誉。

“我是公心文化的践行者，也是公心文化的受益者，我深深地体会到，讲公心，就得有所作为；讲公心，就得把服务对象当作自己的亲人。只有讲公心，工作才能打开局面，村风、民风才能好，就像开山斧一样，砍掉了私心，就砍掉了歪风邪气，砍出了一条康庄大道。在践行公心 20 多年里，我见证了岳家村的蝶变，公心让我个人的思想也发生了巨大的变化，可以说，公心伴我成长，公心塑造了我的人生观和价值观。同时，工作中我还有一个体会是，把简单重复的小事做好了，那就是不简单。比如我担任公心文化讲解员，有时一天会有 10 多批参观的团队，虽然累，但我整个人非常开心，在开心中成长和进步。”这是岳家村妇女主任武传苹在述职报告中的话。

武传苹自1996年任村妇女主任至今，一直身兼多职，既是妇女主任又是公心文化宣讲员。公心亭、公心阁、公心展室、公心讲堂、公心广场，从“公心节”的诞生到公心文化的实践，一连串的公心故事她都讲得鲜活、生动，因为她一直既是参与者，又是创作者和宣讲者。她说自己是公心文化的践行者、受益者，是她的心里话。这些年来，武传苹在生活与工作中调解处理了数不清的家庭纠纷，当事人无不感激。

先说个“离婚”的例子。

前年，有一对年轻夫妻生完孩子不久就闹得不可开交，要离婚。女方找到了武传苹，说：“日子过不下去了，必须离婚。”武传苹心想：如果我不去管，他们真的离了，那就没法向自己的良心交代，没法向许书记交代。于是，她先了解了事情的缘由，然后就多次上门，苦口婆心地劝说、调解，并找到双方的父母做工作。在武传苹的调解下，夫妻俩各自找问题，包容对方的缺点，不久便和好如初。其实，这对夫妻也没有什么大不了的矛盾，只是脾气都有些犟，互相抱怨产生了隔阂。后来，这对夫妻俩见了武传苹还脸红呢。

再说“孝敬”的例子。

“儿女的笑脸就是对老人最大的孝敬。”这是武传苹时常挂在嘴边的话。在尊老敬老方面，岳家村的妇女虽然绝大多数都做得很好，但有的家庭也做得还不够，个别家庭因赡养老人的问题，妯娌之间会出现分歧，面和心不和。面对这种情况，武传苹除了个别做工作以外，还经常召开妇女大会，以“家风家训，孝敬老人”为主题对大家进行教育和宣传。有时她也会召集部分妇女拉家常、说道理，共同提高。武传苹认为，现在生活条件好了，老人需要的不是金钱，也不仅是吃和穿，更需要精神上的安慰。

还有一位 80 后的女同志，她叫梅继竹，大家喜欢称呼她为“小梅”。这小梅可不简单，大学毕业就来到了村“两委”办公室工作，她既聪明又虚心，既诚实又能干，写材料、搞宣传、上请下达，里里外外一把手。她在《公心路上幸福长》文章里，有这样一段文字：“三年求学时光转眼即逝，家乡更是变化万千，成为远近闻名的富裕村。每当提起家乡，心中就无比自豪。毕业后，我荣幸地加入了村集体这个大家庭，这是我父母最引以为荣的事情。以前，只知道村里搞得很好，但详细情况了解甚少。常听说职场如战场，钩心斗角，尔虞我诈，非常残酷，这与我走进村集体这个大家庭以后的感受大相径庭。很长时间，我就像生活在梦里，不相信天底下还有这般温馨、融洽的职场，大家情同手足，领导待我像对自己的孩子一样，无微不至地关心、教育。村里有突击性任务，村干部就带领大家一起上阵，不分昼夜，不分男女，好几天不回家。他们晒黑了，累瘦了，却挺起了不屈的脊梁，赢得了群众的信任和领导的好评。平心说，我们村的村官们为了村里的发展，确实是费了心血，做出了奉献……”

◆ 公心故事二

传承本色精神中的公心实践

“一心向党、公心为民、用心实践、清心律己、热心传承”是莒县老党员“本色精神”的内涵。

作为历史文化名城的莒县，是沂蒙革命老区的重要组成部分。在这片红色的沃土上，每一个山头都燃烧过革命战争的烈火，每一寸土地都浸染过革命烈士的热血。战争年代，莒县有2万多名优秀儿女奔赴前线；有32万人次民工以不同形式踊跃支前；有2485名优秀儿女血洒疆场。血与火的考验磨炼了莒县人民的意志，提升了莒县人民的精神境界。

莒县是一方有着光荣传统和优良作风的红色土地。这里，不仅涌现出一大批革命先贤和仁人志士，还有着一个数量庞大、默默无闻的优秀群体，他们是新中国成立前就入党的老党员。在莒地，这个群体最多时达13341人，目前还健在的有700多人。革命战争年代，他们争先恐后参加革命，浴血奋战，为新中国的成立作出了不可磨灭的贡献；新中国成立后，他们响应党的号召，回到条件艰苦的农村，自力更生，艰苦奋斗，积极参加社会主义建设事业，为党和人民的事业继续燃烧着生命之火。

他们作为个体，成为榜样式的地道农民；作为党员，他们从不抱怨生活艰苦、从不计较个人利益得失、从不居功自傲，始终坚定理想信念，爱党爱国，为民服务。他们中的很多人成为农村基层干部，为加强农村基层党组织建设、巩固党的基层基础发挥了重要的作用。

当你来到“本色——老党员红色群落展览馆”，听着那流畅而庄重的讲解，仰望那一面面老党员群像墙，心中的敬仰与感动之情便油然而生。这里或许有你的叔伯婶娘，或许有你的爷爷奶奶，或许……此时此刻，你就会不由自主地陷入沉思、开启遐想。对于每一名新时期共产党员来说，“本色精神”就是一面镜子，它能照出自己身上存在的问题，修身正己、防微杜渐；“本色精神”也是一泓清泉，它能洗清党员思想和行为上的灰尘，干净做事，清白做人；“本色精神”更是一部鲜活生动的教材，让每位党员找到共产党人的原色，实现理想信念、党性作风的回归，激发每一名党员的先锋模范意识，真正让“本色精神”发扬光大，传承下去。

记得2015年6月28日，为庆祝建党94周年，传承弘扬莒县老党员“本色精神”，莒县县委与日照日报社联合举办“本色精神”研讨会。在研讨会上，来自社会各界的党员干部代表对“入党为什么，为党干什么，在党做什么”的党性本源进行了再分析再学习。

许传江在发言中说，新中国成立前的老党员长期生活在农村，他们从不居功自傲，从未向组织提要求，过着勤劳朴实的生活，甘之如饴。他们一身正气、公心为民的思想至高无上。他们留给我们的不是钱财，而是信念、是向往、是伟大的“本色精神”。比如刚上任时老党员许世炎对我“一碗水端平”的嘱托；王光彦孩子重病却拒收大家凑钱帮助，叮嘱把钱用在集体修路建设上。特别是曾任妇救会会长、“识字班”班长、妇联主任、支部副书记的于桂凤老人，当年她曾发动全村妇女为部队战士拆洗缝补棉衣、棉被，支援抗战。于桂凤老人不是支部书记，却作出了胜过支部书记的功劳。正是有了这些老党员的革命精神，才成就了岳家村今天的成绩。这些事情大家都牢牢地记在心里，时刻激励着我们，这就是“本色精神”的真实体现。再比如，以前我们村的老班子，对我的工作和成长起到了至关重要的作用。我们这一届上任后，他们非常支持，其中许家善、王瑞平两名老干部，由于年龄原因，不再担任“两委”职务，可他们退职不离岗，在村里负责党建、宣传、志愿帮扶、民主理财等工作，兢兢业业，为我们树立了榜样。

许传江说，“本色精神”是我们的宝贵财富，传承和弘扬“本色精神”的关键是要讲公心。所谓“公心”，就是干部要做到“无三心”，即无私心、无傲心、无官心，一心想着村里的事，全心全意带领父老乡亲过上好日子；群众想着大家、想着集体、互帮互助，一个“公”字大家写，靠讲公心共同富。岳家村“两委”干部的准则是：靠清白站稳自己的脚跟、靠实干树立自己的形象、靠真诚赢得群众的信赖。“公心”已成为岳家村发展的“密码”，也形成了一种文化。村里建起了公心亭、公心阁，每年举办一次“公心节”，村干部一一向村民们述职，并接受村民的质询，迄今已 13 年，效果非常好。

弘扬“本色精神”，践行公心应当从“吃亏、吃苦、吃气”开始。许传江说，党支部书记是农村基层党组织建设的第一责任人，是老百姓的主心骨，担子很重，要当好一名合格的党支部书记就必须有敢于“吃亏、吃苦、吃气”的精神。工作中吃苦是很容易理解的，但吃气却比吃苦更难受，也更重要，这要有大局观念，要有牺牲精神。为什么当干部要学会吃亏呢？当干部必须大公无私、先公后私，一碗清水先让群众喝，一切以集体利益为重，不能有丝毫贪占杂念。从这个角度来说，当干部没有吃亏的思想就很难心胸宽广、两袖清风干事业。

弘扬“本色精神”，做到一颗公心交给群众。许传江说，要当好农村支部书记，起码要做到心里时刻装着群众。2008 年修筑振兴路需要拆除 197 户民房，加上修建沭河公园需要征用村里 1300 多亩河滩地，这片土地上都是大棚、果园，村民都很心疼、想不通，我的压力也非常大。那时候，我们 68 户党员带头拆，并负责挨家逐户做思想工作，鼓励大家要相信上级党委、政府的决策，相信我们以后的日子会越来越好。记得最后一户是许衍勋，我上门做了 3 天的工作，最后还是他家老人出面说：“好日子是党给的，要相信党支部，支持书记的工作。”对这项庞大的工程，我们只用 20 天就完成了。这些年来，我们一直强调要了解群众的所需、所盼，跟上服务，加以解决。如居民楼节能改造这件事就是顺应民意惠及每位村民利益的举措。我们投资 2100 万元，仅用 3 个月的时间就对 38 栋居民楼进行了墙体保温节能改造。工程面积 19.6 万平方米，涉及 1650 户，进一步改善了村民居住条件。

弘扬“本色精神”践行公心要公心律己、坚守正义、公正用权。公德做人、公正用权是社会文明的重要标志。讲公心是提升个人思想境界的标杆、为人处世的准则，是干事创业的基础，也是预防腐败的良药。企业家守法经营需要公心，律师伸张正义需要公心，医生救死扶伤需要公心，老师教书育人需要公心……总之，各行各业都离不开讲公心。对此，许传江深有体会地说，作为农村党支部书记，我们手中的权力是群众给的，离开了群众的支持就一事无成。要得到群众的认可，就必须对群众心存敬畏，把“公”放在心里，只有公心处事才能保障正义、公平、公正。把“心”立在公上，只有公心律己，才能做到诚心待人、精心谋事、专心干事。公心是力量、公心是修行、公心是为人处事的大智慧。多年来，我们村“两委”在践行公心中坚守正义，公正用权，赢得了民心，树起了公信。通过公心实践我深深地体会到，当个人利益与集体利益、眼前利益与长远利益、局部利益与大局利益有冲突时，用公心去处理，才能把事情办好。

许传江表示，“本色精神”熠熠生辉，永放光芒，弘扬、传承好“本色精神”是我们义不容辞的责任。我们要接过老党员的火炬，在践行社会主义核心价值观中以“本色精神”指导我们的公心文化建设，以优异的成绩庆祝建党 94 周年。

第十六届“公心节” 不忘初心 牢记使命

2016 年 11 月 1 日　星期二　晴

2016 年 11 月 1 日，第十六届“公心节”庆祝大会在老年公寓礼堂隆重举行。城阳街道全体机关干部、镇直属部门负责人、各村党支部书记和岳家村社区党员群众代表 800 多人参加。会议由城阳街道办事处副主任汤启香主持。本届主题是：不忘初心，牢记使命。

莒县公心文化研究会会长刘庆贺在致辞中说：“今天，我们倡导公心、弘扬公心、践行公心，就是要发扬伟大的‘长征精神’，自觉地把公心思想与‘长征精神’结合起来。只有这样，我们才能在政治上与党中央保持高度一致，在思想上坚定对马克思主义的信仰、对社会主义和共产主义的信念，在行动上树立攻坚克难的坚强决心，在工作中时刻装着群众的利益，在心中筑起抵御腐败的牢固防线。”

许传江在述职报告中说：“党的十八届六中全会指出，全党必须贯彻党的群众路线，为群众办实事、解难题，当好人民公仆。党员干部必须带头践行社会主义核心价值观，讲修养、讲道德、讲诚信、讲廉耻。这些要求，都和公心思想的基本要求是一致的。用公心精神学习贯彻党的十八届六中全会精神，使之相生发、相融合，这是新一代公心人义不容辞的政治责任。实践使我深深地体会到，群众的需求和愿望就是我们努力的方向。为了兑现村民提出的“有饭吃、有活干、一碗水端平”的基本要求，我奋斗了半辈子，岳家村发展到今天，不容易。但是，在新形势、新任务、新要求下，我们肩上的担子更重，我们更要不忘初心，牢记使命，不停步，不松劲，撸起袖子加油干，竭尽全力为群众办实事、谋福利，做清正廉洁的好干部。”

在现场质询和评议环节，面对村民在村务、财务、党务等方面提出的问题，许传江一一作答，并给出了解决落实的具体时间。

会后，大家一起欣赏了社区村民自编自导自演的文艺节目。

◆ 2016年公心纪事

2016年1月22日至31日，在山东省第十二届人民代表大会第五次会议上，省委书记姜异康参加日照代表团审议，在听取了许传江的发言后说：“你这个书记当得很称职！”3月8日，济南一生平安健康管理有限公司董事长王延平等人一行来岳家村社区考察养老服务项目。5月8日，许传江出席中国3D打印“千万颗播种计划”莒县行交流活动，民政部原副部长陈虹为许传江题诗：“德廉孝义四字金，莒国文化万古存。民福所依无多字，党心公心即民心。”5月9日，航空航天工业部原部长林宗棠一行，在市、县有关领导陪同下来岳家村社区考察公心文化建设工作。6

月 16 日，山东省委常委、组织部部长杨东奇来岳家村社区调研“两学一做”学习教育时，对社区党员群众通过“议事学习日”和“公心节”系列活动创新基层党组织建设的做法给予高度肯定。杨东奇说，岳家村用“四个公心”教育规范农村党员干部的思想和行为，给广大党员树立了一种精神标杆，这种经验值得推广。9 月 4 日至 9 日，许传江参加由省委宣传部、省委讲师团、省直机关工委联合组织的“中国梦小康情”百姓宣讲团巡回报告活动，并荣获宣讲大赛二等奖。10 月 27 日，中纪委党员教育和干部测评中心主任、全国基层办副主任陈燕楠一行，在市、县有关领导陪同下来岳家村社区调研弘扬公心文化和开展党员议事学习日、活动日活动情况。

◆ 公心故事一

团结就是聚宝盆

2016 年，对有 8100 多口人的岳家村社区来说工作量格外大，因为莒县要建莒国古城。为了满足古城建设的需要，原古城遗址上的多数村街居民都要搬迁到这里来，需要腾地方给他们建社区。

一座古城，历经沧桑，寄托着几代人的梦想。今天，建设莒国古城的光荣任务落在了我们的肩上，这是责任，也是担当。建设莒国古城是弘扬中华民族传统文化的时代要求，是山东省加快实施新旧动能转换重大工程中的新型项目，是日照市实施“旅游富市”重要发展战略中的一个“龙头项目”，是莒县打造“一强三名”、建设富强、美丽、幸福新莒县奋斗目标的重要支撑。民调显示，群众对恢复建设莒国古城的支持率达 97.6%。这是一项恢宏而现实的民生工程。恢宏，是指把老莒国的历史风貌复原回来，把历代莒人对中华文明做出的重要贡献展示出来，以昭示后人、激励后人。现实，是指把莒地的历史文化资源挖掘出来，将文化与旅游融为一体，适应时代发展的需要，更好地发挥好莒文化的作用，使其产生更大的社会效益和经济效益。同时，莒县县委、县政府作出了新一轮城乡统筹规划，那就是“老城做文化，新城现代化”和“拥河（沭河）发展”。

莒国古城建设的城址并不在岳家村社区，那它的建设跟岳家村有什么关系呢？

许传江担任社区党委书记伊始，在走访调研中发现，虽然各村的村情不同，但是族性派性问题、班子软弱涣散问题等都不同程度地存在。为此，许传江准确把脉，对症下药，化解矛盾纠纷。一段时间下来就破解了历史遗留问题 100 多起，赢得了群众的信赖和好评。

这次为了古城建设搬迁需要，按照县里的规划，岳家村社区区域内需要腾出大量的土地建设搬迁安置房，包括在这里规划落地的其他项目共涉及 6 个村庄 2000 多户，而且这一带有很多饭店、商铺等经营门店，其中两个村需要整体搬迁，工作量不小。对此，有些村干部畏难发愁。在社区党委召开的各村“两委”干部会议上，许传江却表现出了很乐观的态度。他说：“前期，县委孟青书记召开各级人大代表、政协委员座谈会，征求大家对建设古城的意见时，我第一个举手赞成、拥护。为什么？大家想想，恢复莒国古城，这是多少代人的梦想，今天终于有机会了，我们都应该感到自豪。领导问我，对岳家村社区需要拆迁腾地给老城区的搬迁居民建社区有什么看法，我立马回答——搬！这就是我的态度。今天咱也明确一条，如果谁想打退堂鼓，现在就提出来，咱不让你犯难，不能因为一个人、几个人的问题扯了古城建设的后腿！”

许传江的一番话，提振了与会人员的信心。会上有人提出，拆迁虽然是职能部门核价，我们自己是不是也要有一把尺子把握着。许传江答复说：“尺子早给大家了。公心为民、良心处事，公心和良心就是最好的尺子！”还有人提出，各村各自为战，恐怕力量太单薄。“团结就是力量，团结就是聚宝盆！”许传江的回答很干脆。

此后，岳家村社区大规模的拆迁就拉开了帷幕。

他们按照“不让强者得便宜，不让弱者吃亏，不让一户掉队，不让不正之风得逞”的“四不让”原则，深入细致地做群众工作，实际操作中不分门户大小、亲疏远近，都一把尺子卡到底，一个标准量到底，从始至终实现了无震荡拆迁，比计划日期提前了 20 多天完成拆迁工作。

后来，我曾和许传江谈起过这段拆迁经历，他也不无感慨地说：“其实，工作量这么大，各村情况错综复杂，当时我的压力也很大。一个村还好说，这次涉及了 6 个村，还都是左邻右舍，亲戚连亲戚，这种情况既有好也有不好的一面，但是人就是这样，越在困难面前越要昂起头、挺起胸，越要打起精神。在法律和统一政策规定面前我们都是平等的，任何人不能有特殊，这是我们牢牢把握的底线。加上我们按照政策制定了一系列的奖惩措施，群众看到了公平、公正，气也就顺了。村干部把握好了分寸，工作也就好做了。”

许传江认为，如果没有公心就会失去民心，失去了民心干什么事情都会寸步难行。现在政策的透明度越来越高，老百姓的知情权和选择权也越来越被重视，干任何事情都要合理、合法。所以，在这次大规模的拆迁中，村干部必须把群众的意见全部揽过来，哪怕是再小的事，哪怕是暂时办不到的事，都要接着，不准推诿扯皮，制造误会。

的确，这是一个硬任务，工作量很大，但是靠着公心思想的力量，在许传江的带领下，岳家村打赢了这场硬仗。

◆ 公心故事二

标识牌里见精致

走在岳家村的大街小巷，如果你仔细观察，一定会看到两个小牌子，一个是“公心楼长”、一个是“桂花包保人”，这不是广告，也不是装饰，这是责任。

45 栋居民楼 45 位公心楼长，200 多株桂花树 200 多个标签。可见村居管理之精致。

前些年，村民全部住上了楼房，为了精细化管理和服务方便，村“两委”创新管理模式，实行了公心楼长制，即每栋楼上都镶有一块标准统一的标识牌，上面写着公心楼长的名字及相关事项。公心楼长的职责是协调居民与物业的关系，监督物业公司履行职责，畅通沟通渠道；负责楼栋睦邻微信群平台的建立、使用和管理，及时了解和掌握本楼栋居民的基本情况；负责发动、组织居民做好公益事业和志愿服务活动；负责做好上传下达工作，畅通日常交流沟通机制，引导居民自主管理，维护自身权益；负责宣传学习，互帮互助，融洽邻里关系，提高居民幸福指数。同时，村“两委”还制订了《岳家村小区公约》等管理制度，“公心楼长”传递着公心温暖，精细化管理彰显着全国“文明村”的勃勃生机。

岳家村的街道是柔情绽放的“金桂世界”，沿路两侧生长着高2.5米左右、树冠1.5米左右200多株桂花树，桂花飘香，家和兴旺。你细看一下，每株桂花树上都挂有一个特制的标识标牌，上面写着这株树的名称、栽培时间、包保人的名字等，让观者一目了然。每一位包保人按区域划分包保10株左右，主要任务是日常松土除草、旱天浇灌，每年一次的统一施肥、修剪。冬天到来，他们就将树干包起来防寒保暖，精心呵护。这些桂花初绽时，还未见花儿绽放在何处，就飘溢着沁人心脾的芳香。一场秋雨过后，满枝的花朵争相盛开，淅沥的雨点顺着枝干滴滴答答落下。每到这时，整个社区就如同仙境，令人心旷神怡。

“恍入灵鹫金粟世界”，满街的桂花流芳，沁透肺腑。岳家村的父老乡亲在欣赏，四邻八舍的人们来分享，大家齐声称赞。每当这时，最欣慰的是这树的包保人，他们会站在树旁为观赏者介绍、讲解。大家的喜悦挂在脸上，甜在心里，满满的自豪感油然而生。

岳家村人的幸福指数——芝麻开花节节高。

第十七届“公心节” 学习十九大 公心得民心

2017 年 11 月 1 日 星期二 阴转晴

2017 年 11 月 1 日，岳家村第十七届“公心节”在老年公寓礼堂隆重举行。城阳街道全体机关干部、街道部门负责人、各村“两委”成员、岳家村全体党员、群众代表及社会各界人士 800 余人参加。本届“公心节”主题是：学习十九大，公心得民心。会议由街道党委宣传委员汤启香主持。

庆祝大会上，首先由莒县公心文化研究会会长刘庆贺结合十九大精神对公心文化进行了阐述。

他说，公心文化是和党的初心使命一脉相承的。以许传江同志为代表的岳家村人把公心作为安身立命之本，始终坚持以公心思想凝聚力量、以公心文化启迪心智、以公心精神提升境界、以公心标准规范行为、以公心成果惠及百姓，其最终目标就是彻底改变岳家村“一穷二白”的面貌，让老百姓有饭吃、有衣穿、有活干，过上其乐融融的幸福生活。自 20 世纪 80 年代开始，经过 30 多年的不懈努力，岳家村不仅实现了这一目标，还逐步向着农业、农村现代化的目标奋力迈进。岳家村开创的公心文化，已经发展到全镇、全县。

公心文化是和社会主义核心价值观一脉相承的。公心思想的核心内容就是公心成大业、民主促和谐，就是公平、公正，就是全心全意为人民服务，靠的就是“三靠、三无、三吃”精神。正是因为有了这些精神，岳家村一班人才真正做到了精诚团结、务实开拓，形成了强大的凝聚力、号召力、战斗力，才能够带领广大群众抢占经济和社会发展制高点，成为全国农业、农村发展建设的排头兵。

公心文化是和中华传统文化一脉相承的。中华五千年的文明史，孕育出了光辉灿烂的中华传统文化，涌现出了孔子、孟子、老子、墨子、荀子等一大批圣人先哲。其民为贵、均贫富、忠义、诚信、孝道、兼爱等思想，是中华传统文化的精髓。而公心文化是从这些传统文化的精髓中提炼出来的，且又增加了新的内涵与时代思想及行为规范。公心文化是中华传统文化的继承和发展，正是因为有了中华传统文化的丰厚土壤，公心文化才能焕发出强大的生命力。

在完成了述职、质询、评议、解答议程后，许传江说：“党的十九大确立了习近平新时代中国特色社会主义思想的历史地位，吹响了决胜全面建成小康社会、夺取新时代中国特色社会主义伟大胜利的号角，制定了适应时代要求、顺应人民意愿的行动纲领和大政方针，为我们指明了前进的方向。我们这些农村基层干部一定要学习好、宣传好、贯彻好、落实好党的路线、方针、政策，牢牢把握好政治站位。讲公心就是讲政治，讲公心就是讲团结，讲公心就要有作为。我们要一颗红心永向党，时刻绷紧为人民服务这根弦，设身处地为群众办实事、办好事，让党放心，让群众满意，实现当干部的价值。为群众做事，不要怕小。实践证明，只要把每一件小事都做好了，大事也就能干成了。"

◆ 2017年公心纪事

2017年1月17日，许传江作为特邀农村基层党组织代表，参加市政府党组工作座谈会，并汇报岳家村以公心的力量推动基层党组织建设工作开展情况。3月3日，岳家村社区荣获省委宣传部等部门联合授予的"全省最美志愿社区"称号。6月9日，许传江当选为中共山东省第十一次代表大会代表。6月27日，省委巡视组视察岳家村公心阁。9月9日，村民白丰鸣在山东电视台"齐鲁K歌王大赛"中荣获一等奖。11月22日，省委组织部督导组一行在县委常委、组织部部长刘祥彬陪同下，来岳家村社区调研基层党组织建设工作。12月，岳家村社区荣获首批省级"四型就业社区"称号。

◆ 公心故事

老骥伏枥传公心

许家善，1945年出生，1985年加入中国共产党。1967年至1983年任第三生产队会计，1984年后任村委会委员兼出纳员，1986年至1995年任党支部副书记、村委会主任，2001年至2005年任村党总支委员，2014

年退休。这位岳家村的老干部在工作岗位上勤勤恳恳干了几十年。

几十年的风雨兼程，几十年的光辉岁月，退休不离岗，公心天地长。在谈到岳家村的发展历程时，许家善如数家珍。

这是一个风和日丽的上午，天空湛蓝，暖暖的阳光铺洒在岳家村公心文化广场上。应我之邀，许家善来到了公心文化广场。我俩坐在广场的石凳上进行了一次愉快的交谈。

"您当了这么多年的村干部，当初是不是很苦呀？"

"不苦，我在生产队劳动的时候什么农活都干过，从推车子送粪到耕种犁田，从给社员记工分到当生产队会计，从当村主任到退休，时刻严格要求自己，从不敢有半点马虎，直到今天，我还忘不了集体生活的滋味。"

"听说在许传江上任前你是村民的主心骨，但也受了不少的委屈、遭了不少的罪，是真的吗？"

"是真的，挨骂受气甚至被打，村干部多数都遇到过。不过，我从来没退缩，都挺过来了。从传江当上了书记，这些无理取闹的现象就再也没有了。"

"对不起，让您想起伤心的事了。"

"不要紧，不伤心，都过去了。现在村里的党员干部和老少爷们都非常尊重我们这些老同志。我们很知足，也很感恩。"

"有人说您退休后又成了'大管家'，总是闲不住，您都做了些什么事情呢？"

"退休时传江就对我说了'退休不能离职'，当时我就想，退休了除了保证参加党组织活动外，就不掺和村'两委'的事了。可传江书记不是这么想的，他要求我们几个老同志一定要做好‘传、帮、带’工作，对村‘两委’的工作进行监督。每个星期六的党员会，我们这些老党员都按时参加，这是规定也是自我要求。参加会能了解形势，学习党的路线、方针、政策，听传江书记讲形势、总结工作、安排任务，很充实。”

退休后的许家善初心不变，干劲未减，除了孝敬90多岁的老母亲就是忙活村里的事，一天也没闲着。他一是负责“传、帮、带”工作，也经常组织村民参加志愿服务活动；二是帮着谷明兰做好老年公寓的工作；三是接待来参观的、参加座谈会的人，给大家讲岳家村的创业故事。除此，他还有一项很光荣也很重要的任务，就是负责村理财小组的工作。这是一个由多数老同志组成的村务工作监督队伍，责任明晰，机制健全。理财小组每个月定期对村财务收支情况进行一次审核，并写出审核报告，小组成员逐一签字。年复一年，虽然村里的业务量越来越大，可理财管理方面从未出现半点差错，许传江对此非常满意。

老骥伏枥，志在千里；传承公心，壮心不已。这次访谈，我心潮起伏，思绪万千……

第十八届“公心节” 弘扬公心精神 推动乡村振兴

2018 年 11 月 1 日 星期四 晴

2018 年 11 月 1 日上午，第十八届“公心节”在幸福公寓礼堂隆重举行。城阳街道全体机关干部、各村街主职干部、岳家村社区党员群众代表及社会各界人士 800 多人参加。本届大会的主题是：弘扬公心精神，推动乡村振兴。庆祝大会分两个阶段进行。

第一阶段由城阳街道党委宣传委员汤启香主持。

莒县公心文化研究会会长刘庆贺在致辞中说，岳家村是公心思想的发源地，公心实践的试验田。公心文化在风雨中孕育、萌芽、舒枝、展叶、成长、壮大、开花、结果，经历了一个脱胎换骨、蜕变升华的漫长历程。18 年来，“公心节”的主题紧跟时代发展步伐，不断创新；公心思想不断丰富和深化，公心文化拓展领域日益扩大，影响深远。经过各级各界公心人士的精心培育，公心文化已经从一个襁褓中的婴儿成长为一个健壮青年。

他说，30 多年来，许传江同志不断感受、丰富、实践着公心理念。

正是凭着这一理念，他带领干部群众，不怕苦，不怕累，真抓实干，在一片泥泞中，走出了一条辉煌灿烂的金光大道，也在公心治村的实践中创造了享誉全国的、独具特色的公心文化。今天，我们回顾岳家村30多年公心文化的发展历程，仍然具有深远的历史意义和现实意义。事实证明，一部岳家村的发展史就是一部公心文化发展史和公心思想实践史。同时，“公心节”也由岳家村的节日变成了莒县的重要节日和党建工作的重要品牌、有效载体，这使我们深感骄傲。

许传江在述职报告中讲道，18年来，岳家村全体党员干部牢记使命，不忘初心，始终如一地弘扬公心、践行公心，全村实现了“经济发展、管理民主、生态优美、村风文明”的建设目标，被评为了“全国文明村”，岳家村社区也被评为了“省级文明社区”。

“有人说当村干部千难万难，实际上只要讲公心就什么都不难，也有人说群众这不理解那不理解，但只要讲公心就都能理解，这是我的亲身体会。实践也充分证明，公心凝聚民心，公心促进和谐，公心引领村风、民风，公心聚起发展合力。”

许传江在述职报告时还说：“2010年，岳家村社区成立之后，我们打破村街界限，心往一处想，劲往一处使，树立了‘一个村街的任务就是9个村街的责任’的思想，创新了以社区为基本单位的运转模式，形成了发展合力，并且把岳家村的‘公心节’变成了全社区的‘公心节’。我们用公心来加强对社区党员干部队伍教育，始终做到听党的话，跟党走，心里时刻想着群众，做事坚持依靠群众，发展成果惠及群众，凝聚起了全社区共同发展的强大向心力，公心成为村街发展和长治久安的法宝。”

许传江还讲道，县里进行的“弘扬公心精神，推动乡村振兴”专项行动，让他很激动。

“我们坚信，用公心精神推动乡村振兴，就一定能化解诸多疑难问题，就一定能够实现和谐发展、快速发展。我和很多农村党支部书记交流过，他们中有的一开始对专项行动的认识不深刻，认为工作很难开展，坚持不了多久，总是抱着‘这么多年都没解决的问题，讲讲公心就能解决吗’的心态，畏难情绪严重。但是工作起来后用公心解决问题，群众就都非常满意，工作就开展得很顺利。这样，很多党支部书记就都希望这项行动能长期坚持下去，形成长效机制，为农村干部撑腰壮胆。事实证明，通过讲公心，公平、公正干工作，群众的气就顺了，干部自身的素质也提高了，班子也更加团结了，这才是真正实现了以‘组织振兴’引领‘乡村振兴’。”

今天，在新时代背景下，我们一定要继续探索公心实践的新形式、新方法，以组织振兴为基础，加快社会主义新农村建设步伐，为打造乡村振兴齐鲁样板贡献岳家村智慧、岳家村力量和岳家村经验。

在社区村民对各村村务、政务、党务及有关工作提出质询环节中，有村民提出，2016年村庄已拆迁，现在如意桃园也已建好，大家都盼着什么时候可以入住。许传江回答说：“如意桃园的安置房室内装修基本结束，请大家放心，元旦前后就能入住了。”话音刚落，掌声四起。

第二阶段，县委组织部召开全县“弘扬公心精神，推动乡村振兴”专项行动推进会，县委常委、组织部部长刘祥彬在讲话中指出，公心就是民心，公心就是初心，公心的力量是无穷的，公心在新时代具有强大的生命力。这次专项行动，就是要大力弘扬公心精神，用公心的力量破解农村历史遗留的不公平、不公正、不公道的问题，维护社会公平正义，加强基层组织建设，为实施乡村振兴战略开好局、清好障、铺好路。刘祥彬还对这次专项行动的具体工作提出了五个方面的要求。会上，县委组织部印发了《关于全县弘扬公心精神推动乡村振兴专项行动的实施方案》和《关于莒县居民失信联合惩戒办法（试行）》等文件。

◆ 2018 年公心纪事

2018 年 1 月 31 日，在山东省第十三届人民代表大会上，许传江当选为第十三届全国人民代表大会代表。2 月 3 日，根据工作需要，岳家村村民小组重新调整划分为五个小组。2 月 5 日，县委书记孟青一行来岳家村老年公寓看望公寓的老年人们。3 月 5 日至 20 日，许传江赴北京出席第十三届全国人民代表大会第一次会议。4 月 17 日，许传江应枣庄市山亭区区委邀请，到该区基层党组织培训班作报告。当月，岳家村成立孝善理事会。6 月 9 日，村党支部委员谷明兰、志愿服务队队长许崇峰组织 20 名村志愿活动队队员，带着专门定制的安全床、被褥、服装及食品等到店子集镇神集村残障人袁安雨家进行帮扶。7 月 1 日，许传江参加全省“新时代激励干部新担当新作为暨‘担当作为好书记’‘干事创业好班子’”表彰大会。省委书记刘家义出席会议并讲话，省委副书记、省长龚正主持会议。会上，许传江荣获中共山东省委组织部授予的全省“担当作为好书记”称号，并记一等功。7 月 5 日，莒县公心文化研究会第三次会员代表大会召开。7 月 21 日，岳家村老年幸福公寓活动室安装了价值 30 万元的锻炼康复器材。12 月 26 日，市委副书记李在武一行 4 人来岳家村社区调研工作。

公心故事一

人大代表是荣誉更是责任

“人大代表是个光荣的职务，更是一份沉甸甸的责任。作为一名人大代表，要做好表率、带好头，积极响应党委、政府的号召，及时回应群众的关切和需求，努力为群众办实事、办好事，让群众获得实实在在的安全感、幸福感。”当选全国人大代表后，许传江深感责任重大。

“今年，是我第一次参加全国两会，我的心情非常激动。会前，我结合参加省、市、县组织的调研活动和在本市一些单位、村庄开展时调研掌握的第一手资料，在组织振兴、人才振兴、棚户区改造等方面提出了建议。我觉得搞好乡村振兴首要的一点是搞好组织振兴，要干好事业，必须要有一个坚强的领导班子。同时，在乡村振兴中要发展优势产业，让老百姓在家门口就有活干，尽量不要外出务工。要因地制宜，因村制宜，搞好一个产业，养活一方百姓。”

人大代表是荣誉更是责任。许传江在不懈奋斗的人生旅途上又扛起了新责任，承担了新使命。

◆ 公心故事二

村企同唱公心歌

经济发展和文化建设是相辅相成密不可分的。事实证明，一个村庄、一个企业、一个地方，只要有一个好的带头人，就一定能闯出新天地、干成大事业。作为社会主义新农村建设的带头人，许传江带领岳家村人30多年如一日，践行公心，奋力拼搏，让岳家村发生了翻天覆地的变化。这里的经济发展了，群众富裕了，文化底蕴也厚重了。作为地方工业振兴的主力军，浩宇集团这个拥有7000多员工的企业之所以取得今天的成绩，同样离不开带头人武玉亮——这位富有家国情怀、公心处事的企业家的努力。他深思熟虑谋发展，一颗公心敢担当，20多年来，以创新型发展的企业文化为核心，推动集团更好、更快发展。

5月的莒州大地，燕舞莺歌，生机盎然。2018年5月19日，“《浩宇大讲堂》公心文化报告会”在岳家村老年幸福公寓礼堂隆重举行，活动邀请许传江给广大员工作公心文化报告。集团董事长武玉亮参加报告会并讲话，集团党委书记、副总经理王少涛主持报告会，集团领导班子成员、各企业负责人、班组长以上管理人员和员工代表830多人参会。

这是一次精彩的公心文化报告会，也是一场令人难忘的公心精神激励会。“我今天特别高兴，看到大家就很亲切，就像一家人一样。”许传江的开场白亲近、温和。报告中，许传江讲述了这些年如何以践行公心为主线，带领全村干部群众干事创业，实施乡村振兴，不断提高村民幸福指数的发展历程。他用朴实的话语、真挚的情感，把公心故事讲得声情并茂。2 个小时的报告使与会人员深受教育，备受鼓舞。

穷且益坚，不坠青云之志。诚然，“群众的愿望就是我们努力的方向”。30 多年来，许传江带领村“两委”一班人，怀揣着梦想，敢于担当，不向困难低头，不向贫困折腰，大干快上，把岳家村发展成了远近闻名的富裕村、文明村，这是何等的成绩啊！

居者有其屋，这是群众的热切期盼。许传江在报告中充分肯定了浩宇集团的成绩：“‘建老百姓住得起的好房子’，这句话体现了武玉亮董事长的胸怀和担当，现在看来，你们说到做到，而且做得很好，在这一点上，我的感受非常深刻。大家知道，浩宇房产品位高且价格适中，为引领全县住房新潮流树起了标杆，为莒县的城镇化建设作出了突出贡献。近几年来，岳家村社区的好几个村的棚户区改造工程与浩宇集团开展村企合作，在‘建老百姓住得起的好房子’的理念引领下，我们的社区发生了翻天覆地的变化。尤其值得一提的是，在施工过程中，浩宇集团还提前垫资，这是很少见的。建设的住宅小区规划科学、布局合理，小区内植被绿化好，风景宜人，圆了老百姓的住楼梦，大大提高了村民的幸福指数。我认为，这就是浩宇人践行公心、顾全大局的充分体现。大家都说浩宇集团好，为什么好？因为浩宇集团企业文化好，对待职工好，职工干劲大，向心力强，对社会贡献也就大。这种向心力注定会有强大的生命力，这是全县人民的骄傲！”

“公心就是让百姓得实惠。”许传江接着说，“一直以来，浩宇集团的供暖工作深受莒城人民的称赞。在城市化建设步伐加快、供暖任务逐年增加的情况下，浩宇集团做到了小区落户到哪里，供暖设施就延伸到哪里，保证了居民取暖。特别值得一提的是，浩宇集团每年都是无偿地提前供暖和延期停暖，几年来仅仅这一项就是上亿元的额外支出。同时浩宇集团还针对城区低保贫困家庭实行免费供暖，把关爱和温暖送到急需帮助的百姓家里，这是多么大的公心呀！”

许传江最后说：“在过去 17 年里，我们连续举办了 17 届‘公心节’。每届‘公心节’，岳家村人都站在一个新起点上，在共享收获喜悦的同时，再一次吹响‘认识再统一、思想再解放、干劲再加大’的集结号、冲锋号！就像‘企业富强，员工幸福’的‘浩宇梦’一样，目标既宏伟又现实，这是凝聚力、向心力和战斗力的体现。对此，我也充满着信心，同时期盼着承载着几千名员工梦想的‘浩宇梦’早日实现！”

“新农村建设怎么建？乡村文明怎么抓？岳家村的父老乡亲在许传江的带领下，践行公心，奋力拼搏，树起标杆，成了新农村建设的‘领头羊’，他们的真经就是用公心来办一切事情。公心向党，公心为民，许书记以他的亲身经历给我们上了一堂别开生面的教育课。记得 2016 年春天，为了做好岳家村社区部分村庄的搬迁工作，我们一起去南方考察当地村居建设情况，以设计打造更舒适、更宜居、更高档次的生活环境。当时许书记包裹里装的是煎饼、榨菜、咸鸡蛋之类的食品，他不喝酒、不多花钱，非常节俭，我们都很感动。这事虽小，却体现了许书记高尚的公心精神，值得我们好好学习。”报告会上，武玉亮动情地说。

第十九届“公心节” 初心不改 公心为民

2019年11月1日 星期五 晴

2019年11月1日，城阳街道岳家村社区第十九届“公心节”大会在老年幸福公寓礼堂隆重召开。山东省委巡回指导组及日照市委组织部、市委第二巡回指导组有关领导到会指导。各乡镇（街道）党委书记、县直部门负责人、城阳街道全体机关干部、各村“两委”成员、岳家村村民代表及社会各界人士830多人参加大会。本届“公心节”的主题是：初心不改，公心为民。会上，城阳街道党工委书记张传金汇报了全街道公心文化的建设情况，接着许传江等村干部进行了述职，并接受了现场评议和村民质询。

现场观摩后，莒县县委接着召开全县弘扬“公心精神”推进会议。县委书记孟青在讲话中指出，弘扬“公心精神”是践行“两个维护”的内在要求，是“不忘初心、牢记使命”的生动实践，是打造“一强三名”的现实需要，各级党员干部要进一步提高政治站位，深刻认识和把握新时代弘扬“公心精神”的重大意义。

弘扬“公心精神”，要立足新时代、把握新形势、适应新变化，不断赋予其新内涵、引领新实践、取得新实效。孟青要求，要在公心上自觉创新发展，站稳政治立场，强化理论武装，着力学懂、搞通、做实。认真学习、深刻领会习近平新时代中国特色社会主义思想，树牢“四个意识”、坚定“四个自信”、做到“两个维护”。要强化政治纪律，担当作为，务实实干，确保中央决策部署和省委、市委工作要求在莒县落实、落地。要在公心为民上创新发展，牢固树立以人民为中心的发展思想，千方百计做大村集体经济，让乡村生态更美丽，群众生活更美好。要在公心处事上创新发展，坚持公平公正、公道正派、公开透明，大力推进党务、政务、村务公开，自觉接受群众监督。要在公心律已上创新发展，始终坚持党性原则，加强廉洁自律，做到秉公用权，守纪律、讲规矩、知敬畏、存戒惧。任何时候、任何情况，都要清清白白做人、干干净净做事、坦坦荡荡从政。

强化组织领导，确保弘扬“公心精神”开花结果，落地见效。孟青强调，建立一项好制度不容易，把一项好制度坚持下来更不容易。19 年来，岳家村一届一个主题开展“公心节”，体现了滴水穿石、久久为功的坚持和执着，为全县基层党组织做出了示范、树立了标杆。全县各级党组织要以岳家村党总支为榜样，在弘扬“公心精神”活动中，强化责任落实，展现担当作为，推动“公心精神”落实、落地，取得实效。

◆ 2019 年公心纪事

2019 年 1 月 5 日，许传江在周六例会上指出：“新形势下，我们必须立足当前，着眼长远，知足、感恩，放大格局。新的一年，要有新理念、新打算、新目标。"当日，许传江应邀到店子集镇做"弘扬公心精神，推动乡村振兴"专题报告。1月19日，许传江在周六例会上讲道，没有担当就没有作为，任何事情都是对我们的考验。我们要为集体聚财、聚富，任何人不能损害集体一丝一毫的利益。为什么我们摆脱贫困、共同富裕的愿望能实现？就是因为公心为民，公心处事，这是天道酬勤的结果。我们岳家村的青年人，要牢固树立"抱定什么样的理想，就有什么样的结果"的信念，强化责任意识。1月28日，岳家村2018年"评先树优"表彰大会暨2019年迎新春文艺晚会在老年幸福公寓礼堂盛大开幕，900多人参加。本次活动以弘扬公心精神、推动乡村振兴、传承中华美德、倡导良好家风为主题，表彰村内"公心党员""四德标兵""五好文明家庭""好婆婆""好媳妇""卫生标兵""公益标兵"等先进典型80余人。2月1日，莒县县委书记孟青节前走访岳家村公寓，看望、慰问公寓里的老人。2月14日，许传江应省乡村振兴驻莒县服务队队长王润晓邀请，到闫庄镇柳源社区作"以公心推动乡村振兴"报告。2月28日，岳家村召开民主理财专题会，通报民主理财工作。组长许家善，成员王瑞平、刘乾刚、刘汉元、许衍彪参加并汇报相关事项。会上，许传江要求要严格规范操作规程，理好财，管好账，牢固树立为集体负责、为群众负责的思想，担当责任，不辱使命。3月3日至15日，许传江赴北京参加十三届全国人大二次会议。3月7日，全国人大常委会委员长栗战书参加山东代表团审议，并与许传江等人合影留念。许传江参加3月8日山东团召开的第三次全体会议，传达学习习近平总书记重要讲话精神。3月9日，许传江做客山东电视台《两会大家谈》栏目。3 月 10 日山东代表团举行全体会议，认真学习贯彻习近平总书记的重要讲话，审议外商投资法草案。3 月 12 日许传江在参加审议外商投资法草案修改稿和最高法、最高检工作报告期间，多次发言，多家媒体记者对他进行了采访。3 月 21 日，许传江应邀到招贤镇参加“传达‘两会’精神暨脱贫攻坚、农村改厕推进会”。5 月 31 日，全国党建研究会会长、中央党校原常务副校长李景田，全国党建研究会副会长、全国人大农业委员会副主任委员杜德印一行，在省、市、县有关领导陪同下来岳家村调研基层党建工作。9 月初，岳家村连续三晚组织美丽家庭创建培训班，培训的主要内容包括创建美丽家庭是新时代提升人民幸福度的必然要求、建设家风民风是惠民利民的民心工程、外地美丽家庭创建活动的做法和经验、为什么要创建美丽家庭、怎么创建美丽家庭等方面。创建活动围绕和睦家邻、家庭教育、讲卫生保健康，搞好夫妻关系、婆媳关系、邻里关系，以身作则，为子女做出表率等方面。9 月 11 日，岳家村“两委”开展恭贺中秋，给老年人发放月饼活动，同时发给了 65 岁以上老人每人 700 元、70 岁以上每人 1000 元的零花钱。9 月 17 日，岳家村开展“不忘初心、牢记使命”主题教育活动。9 月 21 日，岳家村举办公心文化座谈会，进一步明确：公心阁作为公心文化的宣传阵地，对公心文化的提升非常重要，公心文化与新时代、新思想相结合，必须上档次、上水平。10 月 1 日，国庆节之际，岳家村社区集中组织开展观看大阅兵直播，参观公心阁、公心文化展馆等共同庆祝国庆节系列活动，并组织全体村民进行合影。10 月 18 日，许传江书记作为应邀嘉宾，参加建市 30 周年论坛并在大会上发言。10 月 22 日县委书记孟青带领各级党员领导干部 80 人参观岳家村公心文化展馆，开展党性教育、入党宣誓、公心践诺活动。11月15日，岳家村公心文化展馆全天接待开展党性教育的团队12批次，共400余人。11月25日，议事日学习会，岳家村举办公心述职会，全体党员干部轮流述职。述职人员：谷明兰、武传苹、许衍升、许崇峰、刘智宝、许传征、刘乾刚、刘瑞礼、许崇华。12月30日，市委书记张惠带领党员干部20人来岳家村公心文化展馆，开展党性教育、入党宣誓、公心践诺活动。

2019年，许传江书记共接待上级检查24次，其中省级以上4次，市级以上领导走访16次；接受市电视台以上采访6次；应邀外出作报告16场。其中接待参观学习百人以上团队8次，接待“不忘初心，践行公心”主题实践活动135次，累计约6000余人。

◆ 公心故事一

全家福

2019年10月1日至4日，岳家村社区隆重举行庆祝中华人民共和国成立70周年系列活动。一是组织9个村的“两委”干部80余人在公心文化展厅开展“不忘初心、牢记使命”主题教育活动。二是集中观看盛大的阅兵仪式。10月1日上午10点，当习近平总书记等党和国家领导人登上天安门、出现在电视画面上时，会场上响起雷鸣般的掌声，大家全体起立，齐声高唱中华人民共和国国歌。当看到受阅方队以铿锵的步伐、磅礴的气势接受祖国和人民检阅时，人们热血沸腾，激动不已，都为祖国的强大而骄傲。三是组织岳家村全体村民拍摄全家福，共同祝福祖国繁荣昌盛。四是举办文艺大汇演活动，全社区以自编自导自演的方式演出了20多个文艺节目，回顾岳家村奋斗历程，致敬伟大祖国。

拍全家福是岳家村人共同的愿望，尤其是对于在外工作的青年人来说，岳家村是他们的根之所在，“全国文明村”的称号是他们骨子里的骄傲。在这件事情上，许传江对父老乡亲们的心思是心知肚明，也非常理解，可他就是不做决定。

其实，许传江心里早就有了决定，那就是必须在新中国成立70周年时拍全家福。这对开展爱国主义教育更有历史意义，对激发村民爱党、爱国、爱村的主人翁责任感更有推动力。在9月25日的议事学习会上，许传江在安排拍摄全家福工作时说：“这几年，老少爷们儿对拍摄全家福的呼声越来越高，大家庭有大家庭的全家福，小家庭有小家庭的全家福，我们拍这张全家福是要以实际行动向祖国70华诞献礼，也是一次再鼓劲、再出发。我看了在外人员回家参加全家福拍摄的登记表，已有180多人报名，而且报名还在继续。大家一定要高度重视这项工作，做到‘周到、热情、细致、安全、圆满’。”

2019年10月1日，岳家村的大街小巷红旗飘扬，锣鼓喧天，父老乡亲打扮一新，奔向公心文化广场。在村“两委”干部们的精心组织、有序指挥下，摄影师们用镜头记录下了这一美好的一刻。这一刻，有2000多岳家村人在全家福中露出了幸福的笑容。

公心故事二

我们离乡村振兴的目标越来越近

阳光日照，活力无限，日照市的发展日新月异。2019年10月18日，日照市建市30周年暨发展大会在日照国际博览中心隆重举行，岳家村党总支书记许传江围绕乡村发展变化作了大会发言。30年，弹指一挥间。忆往昔峥嵘岁月，许传江激动地说，自己亲眼见证了日照市从一个默默无闻的海边小城，成为一座欣欣向荣的海滨城市的整个过程，城市建设得越来越漂亮。这些年，岳家村也发生了翻天覆地的变化，群众从缺衣少食，到现在全面奔小康，日子越来越好，我们离乡村振兴的目标也越来越近。

许传江表示，岳家村的发展变化，只是全市乡村振兴的一个缩影，在日照市委、市政府和莒县县委、县政府的坚强领导下，岳家村一定会再接再厉、继续奋斗，为加快全市乡村振兴、建设现代化海滨城市作出更大的贡献（现将该发言谨记于此，与大家分享）。

尊敬的各位领导，同志们：

大家好！我叫许传江，是莒县城阳街道岳家村的党支部书记。今天，能够参加这次庆祝大会，我打心里感到高兴、激动。为什么这么说？因为我是从1982年开始当村干部的，到今年已经37年了。这30多年，我亲眼见证了日照市，从一个默默无闻的海边小城，成长为一座欣欣向荣的海滨城市的整个过程；见证了我们莒县，从一个落后小县城，加速向“老城做文化、新城现代化”的现代化中等城市迈进的整个过程。市委、县委带领我们取得这样的成就，真是了不起。我们岳家村，也跟全市、全县一样，发生了翻天覆地的变化。群众从缺衣少食，到现在全面奔小康，日子越来越好，乡村振兴离我们越来越近了。下面，我汇报我的几点感想：

第一，乡村振兴好，关键是党的领导好。岳家村这些年，发展快、变化大，都是党的领导好。我们村在沭河边上，原来是城郊村。近年来，县委、县政府建设沭东新城，启动了银杏大道东拓、岳家村跨河大桥、沭河湿地公园等工程。我们积极响应，该拿的地往外拿，该拆的房子加紧拆，既为城市东移创造了条件，也抓住了千载难逢的发展机遇。我记得银杏大道东拓的时候，197 户平房，不到 20 天就拆完了。近几年，莒县大力实施棚户区改造工程，一片片平房变成了高档小区，家家户户都住上了楼房。现在，我们村不再是城郊村，而是变成了连接老城与新城的中心地带，变成了“拥河发展”的一颗明珠。从日照来的人，一过岳家村大桥，首先看到的就是我们村，没有一个不说好的。就连县委、县政府都搬到了我们村里，在我们盖的楼上办公。所以我体会到，听党的话，一定错不了。

第二，乡村振兴好，关键是经济发展好。我刚当书记的时候，我们村还很穷，不管是村民还是村集体，都是穷得叮当响。村民穷怕了，问我：“书记啊，咱什么时候才能有饱饭吃、有活干，才能挣着钱啊？！”那时候刚改革开放，我就寻思，不搞点产业，不抓好发展，肯定是不行。我们就在城阳党委的帮助下，先是到寿光学习大棚技术，后来又办了油漆厂，引进了银河制衣、诚凯制衣、东旺食品等企业，村产业就这样一步步发展了起来。再后来，我们又盖了写字楼、商场对外出租，现在已经有 8 栋（处），2018 年村集体收入达到 3200 万元。如今，村民不仅是吃饱了、穿暖了、有活干了，60 岁以上老人还在幸福公寓集中供养、免费吃住。现在想想，要是不抓发展，过不上今天的好日子。这两年，日照经济增速在全省数一数二，莒县日新月异的发展变化，都是狠抓高质量发展的结果。

第三，乡村振兴好，关键是团结实干好。幸福都是奋斗出来的，我们岳家村这些年的发展，充分印证了这一点。刚开始的时候，我们搞大棚，但是村里没钱，我就回家找家属要，先干起来再说。搞油漆厂的时候，也是缺钱，七拼八凑筹了 25 万元，群众把卖鸡蛋的钱也拿出来了。厂子办起来了，但油漆质量不过关，我听说青岛有个赵工，就背着煎饼去找人家。前两次，人家都没让我进门。第三次的时候，他听说我不是为了自己发财、而是为了村里发展经济，很感动，就同意帮我们了。再到后来，我们办服装厂、盖写字楼，说到底都是靠团结实干。这些年，我们莒县新型城镇化、乡村振兴、工业振兴等工作，都有很大进展，许多工作省里有名、全国挂号，这都是干出来的。齐家滨书记说“想，都是问题；干，才是答案”，真是一点也不错啊。

第四，乡村振兴好，关键是公心治村好。村干部官不大，但想要当好不容易。我跟我们村干部说，我们要无官心、无傲心、无私心，说到底就是要讲公心。拆迁的时候，我们村干部先拆；分楼房的时候，我们让群众先挑。总之一句话，有困难的事，村干部冲在最前面；得实惠的事，让群众走在最前面，把讲公心体现到治村的方方面面。后来，我们把公心形成了制度、形成了文化。从 2001 年起，我们把每年 11 月 1 日定为“公心节”，村干部在“公心节”上述职，表公心、亮公心，群众评公心、议公心，到现在已连续举办 18 届。干部讲公心，带动群众讲公心。年轻人成立了义务巡逻队，妇女成立了义务扫街队，老干部自告奋勇搞调解，在外工作的也经常为幸福公寓捐款、捐物。现在，村里没有打架的、上访的，也没有不孝顺老人的，岳家村被评为“全国文明村”。公心精神成了我们村的一张“金名片”。我经常感叹，当干部千难万难，只要讲公心就不难。

岳家村的发展变化，只是全市乡村振兴的一个缩影，我们决心在市委、市政府和县委、县政府的坚强领导下，再接再厉、继续奋斗，为加快全市乡村振兴、建设现代化海滨城市贡献更多力量。

最后，祝愿日照市的明天更加美好！

谢谢大家！

第二十届“公心节” 弘扬公心精神 建设信用莒县

2020 年 11 月 1 日 星期日 晴

2020 年 11 月 1 日，第二十届岳家村“公心节”在老年幸福公寓礼堂隆重举行。县直和国家、省、市属驻莒部门、县属国有企业分管负责人，各乡镇街道党（工）委副书记，城阳街道党工委、办事处全体机关干部、农村党组织书记，岳家村村民代表及社会各界人士 800 多人参加。本届主题为：弘扬公心精神，建设信用莒县。

会议第一阶段由城阳街道党工委书记张传金主持。许传江等 7 名同志上台进行了述职并接受质询、评议。第二阶段召开全县“弘扬公心精神，建设信用莒县”工作会议，县委常委、组织部部长刘祥彬主持，县委常委、副县长牟敦谊讲话。

当晚与次日晚上，举办了 2 场庆祝第二十届“公心节”文艺晚会，主旨为“弘扬公心精神，推进诚信建设”。

许传江在述职报告中说：“20 年前我们举办第一届‘公心节’时，我心情很激动，但也担心能不能将‘公心节’坚持办下去。开弓没有回头箭，转眼间，20年，20届，我们走过来了，这条公心大道越走越宽广，越走心里越亮堂，越走离我们建成小康社会的目标越近。20年来，‘公心节’一届一个新主题、一届一个新高度、一年一个新目标。事实证明，公心就是党心、民心，听党的话，跟党走，永远不吃亏。公心成就了我们岳家村人今天的幸福生活，公心文化激励着我们在前进的道路上披荆斩棘、奋勇向前。

20年来，我深刻地体会到，公心凝聚民心，讲公心就要提高眼界、提升格局。公心不仅要做到公心为民，不贪不占，还要解放思想，敢担当、有作为。当干部就必须为老百姓谋利益，我们党的初心、我们当支部书记的初心，就是让老百姓过上好日子。当干部要有境界、有胸怀，不能观念落后。我们必须明确，观念落后是最大的落后。我认为公心就是开山斧，只要讲公心就没有克服不了的困难。现在我们的城市框架和发展面貌，在外人看来都很惊讶，我们自己也很自豪，这就是解放思想、更新观念的结果。我们岳家村社区成立的10年前，9个村街一个样，到处是荒凉地及乱七八糟的大棚，没有任何经济支撑，日子过得很一般。10年后，特别是近几年，我们抓住了全县城镇化发展的机遇，借梯上楼，勇于创新，整个社区发生了翻天覆地的变化。现在9个村村民全部住上了楼房，社区里还建起了2所学校，拓宽了道路，由郊区变成了城市中心，老百姓的幸福指数不断提高。

常言道，家有老人是一宝。我们当干部既要让老百姓过上好日子，还要让老百姓热爱祖国、感恩党。现在我们社区有十几位100岁以上的老人，前几天我去钱家村看望一位106岁的老人，她精神很好，拉着我的手说，能活这么大岁数，都是托了共产党的福，过去想都不敢想。老人还说，要好好活着，等古城建起来，还要去逛古城呢。听着老人的话，我非常高兴。

在讲到疫情防控时，许传江说：“聚是一团火，散是满天星。讲公心就要顾全大局。今年是极不平凡的一年，面对突如其来的新冠肺炎疫情，心里非常着急。我当时想，自己不光是社区的党委书记，还是人民选出来的代表，危机面前必须冲锋在前。疫情防控期间，党员干部不怕苦、不怕累坚守一线，年轻党员争着24小时值班，一些老党员也帮着执勤，要是安排不上，他们就主动捐款。”

诚实守信是中华民族的传统美德，讲诚信也是讲公心。许传江说：“一个国家要讲诚信，一个村子要讲诚信，一个党员干部更要讲诚信。作为一名农村党员干部，必须做到去私修身、诚实守信、心胸宽广、与人为善，靠两袖清风站稳脚跟，决不允许自私自利。‘有饭吃、有活干、一碗水端平’，这是我30年前的3个承诺。为了这3个承诺，我们村‘两委’一班人，一心一意扑在村集体事业上，对内对外、对上对下、对任何人都是信誉第一，说到做到。就拿每届‘公心节’上的质询来说，20届80多件事情，我们力说力行，从没有失信。不然的话，那就失去了这个活动的意义。做群众工作要诚心诚意，落实上级政策要到边到沿。事实证明，日常工作中，把小事做细、做透、做实，把简单平凡的事做实、做好就是不简单。群众利益无小事，我们当农村干部的，天天做的看似都是小事，但不要忘了‘小事做好了大事也就干成了’的深刻道理。公心精神就是由点点滴滴的小事铸成的，公心文化从内涵到外延都是靠我们的实际行动发扬光大的。今天公心文化已成了品牌、成了旗帜，得到了社会的认可、群众的信任，我们也感到很光荣。但是，社会在进步，形势在发展，我们不能有丝毫的骄傲自满，不能有半点的懈怠。实事求是地说，我的压力还是很大，因为我们对公心的认识还有不足，有些工作还没完全做到位，离群众的要求也还有一定差距，公心文化体系还需要继续完善。归根到底，我们的工作依然任重道远。”

刘祥彬在主持会议时说：“我们现场观摩了岳家村社区‘公心节’活动开展情况，深刻感受到了公心的力量。岳家村已连续 20 年举办‘公心节’，这 20 年可以说是岳家村解放思想、大胆实践的 20 年，是励精图治、干事创业的20年，是攻坚克难、走向辉煌的20年，对岳家村取得的成绩，我在此表示衷心的祝贺。岳家村在实践中形成的以‘公心向党、公心为民、公心处事、公心律己’为核心内容的公心文化，与诚信体系建设一脉相承、相得益彰，为我们弘扬公心精神、建设诚信莒县提供了经验和参考。”

牟敦谊在讲话中说：“岳家村是公心文化的发源地，也是诚信建设的实践田。近年来，岳家村之所以发生翻天覆地的变化，从一个贫穷村到现在的‘全国文明村镇’‘全国小康建设明星村’，人民群众安居乐业，归根到底是岳家村坚持公心为民、抱诚守真发展的结果，也是滴水穿石、久久为功、践行公心文化的结果。举办‘公心节’，把党员群众聚在一起，村干部上台亮亮相、对对账，干部群众面对面地沟通交流、集思广益，很有意义、很有必要。”

2020 年公心纪事

2020 年 1 月 1 日，在中央电视台《新闻联播》播出的《天南地北喜迎新年》新闻中，有岳家村老年人聚餐喜迎新年的画面。1 月 10 日至 13 日，许传江参加莒县第十八届人民代表大会四次会议。1 月 16 日，在社区例会上，许传江传达莒县“两会”精神时说：“完善公心治理体系，干事不要简单化，用公心实践去工作，不要事后诸葛亮，要用一颗虔诚的心热爱工作、热爱村街。用公心服务群众，还要增强责任心和耐心。”1 月 17 日上午，省派驻莒县乡村振兴服务队队长、省住建厅副厅长王润晓，招贤镇党委书记张颖，大罗庄村党支部书记宋时讯一行送锦旗一面：一颗公心炽热为民，助力乡村全面振兴。1 月 20 日中午，许传江参加岳家村举办的老年新春团拜会，村民在外人员代表李希平、岳秀祥、王开善及岳家村全体党员干部等参加活动。1 月 29 日，许传江主持召开新型冠状病毒防治专题会时要求：

1. 报表要实。以小区、村为单位，排查摸底，责任到人，每天摸排上报；

2. 24 小时值班，不脱岗，不间断；

3. 自己家人有从疫区回来的马上报告；

4. 各防疫点值班人员严守岗位，排查情况下午交党委；

5. 搞好防疫物资消毒、发放登记，对公共场所进行消毒处理；

2 月 4 日，岳家村社区接收浩宇集团捐赠的疫情防控物资酒精 213 箱。2 月 4 日，岳家村社区召开“两委”干部疫情防控专题会。许传江强调，防疫工作不能有丝毫松懈。县委书记孟青指出，要切实发挥好基层党组织的作用，做好基础工作，在疫情防控期间不能产生或留下任何矛盾。2月12日，岳家村召开党总支会议，重点安排：一是新冠肺炎疫情防控工作。按照上级要求，抓严抓实，重点防外来人员，同时保障村庄工作正常运转。厉行节约，做到每一分钱都用在刀刃上，执行政策要认真，并灵活动脑，增强工作能力，转变工作作风，创新工作方式，提高工作水平。二是进行详细分工，并制定好工作制度。三是站稳立场，关键时候明辨是非，咬紧牙关渡难关，提升治理能力。要干成事，不出事，关键在干部、在带头人。四是坚持公心思想，处理任何事，要出于公心，公事公办，公开透明，不贪不占，不插手任何工程。五是老年公寓要保障老人的生活，不能出任何问题，蔬菜、食品要及时发放，缺什么补什么。

3月5日上午，继岳家村投入1.2亿元购买莒国大饭店后，大饭店二期工程开工建设。3月26日，岳家村召开3月份党员议事学习例会。许传江要求：不忘初心、牢记使命，就是要好好抓发展。没有投入就没有收入，没有收入就没有老百姓的好日子。不忘承诺，不忘初心，让老百姓过上好日子。只要身体还能行，就要像老黄牛一样，踏疾奋进。今后岳家村怎么发展，就靠大家一起努力。4月2日，由山东省委宣传部、省民政厅、大众报业集团、山东广播电视台共同主办的“山东战‘疫’最美城乡社区工作者”云发布仪式举行，莒县城阳街道岳家村社区党委书记许传江作为农村社区工作者当选“山东战‘疫’最美城乡社区工作者”。据了解，全省7位农村社区工作者、13位城市社区工作者获得“山东战‘疫’最美城乡社区工作者”称号。4月7日，《学习强国山东学习平台》战“疫”一线，许传江坚定地说：“危急面前我们必须站出来！”5月2日，许传江在周六例会上强调：“要通过学习搞好工作，要有长期的、长远的眼光和计划。档案记录就是一种价值体现，我相信好做法、好传统会永久传承，因为我们有文化、有底蕴，我们这个队伍哪怕只剩下一个人站着，也不会让咱村垮了。因为有文化的熏陶，我相信大家一定会把公心文化一代一代传承好！市委书记张惠来村视察时说，公心文化一定要传承下去，公心文化一定要发扬下去！这是宝贵的财富。每一个共产党员，都要有这种理念和信仰。岳家村必须有经济和文化的支撑，保持公心，必须有经济的支撑，我们村建学校、建宾馆就是为了更好地发展经济。我们岳家村这些年发展这么好是为什么？是因为党和国家的好政策和各级领导的大力支持。大家要结合工作中存在的问题，不明白的就学习，多问、多请教。我们要想超越自己，首先要有不凡的思想境界。”5月9日，许传江一行5人赴省立三院考察老年公寓医养结合项目。5月16日例会上，许传江强调：“我们的工作要跟上形势的需要，现在我重点考虑的是医养结合项目。我认为有困难不可怕，敢啃硬骨头，这是咱们的传统，只有啃下来才有滋味。我们现在还没有遇到什么困难，最难的就是建设莒县六中的时候，但我从没有退缩过。我们对六中的投资到现在已经全部收回来了，没有当初的付出就没有今天的收获。莒国大饭店，我多次去了解情况，整体不错。我们用工作实绩证明了我们不是无能之辈。处理问题，要用正确的方式，解决问题要用正确的方法，要学会用法律保护自己，否则就是无知和无能。干事创业，思想站位要高，不能为了表扬而做事情，要厚积薄发。公心文化是我们的灵魂、精神动力和智力支撑，必须依靠公心文化，岳家村才能屹立不倒，这才是对公心的践行和传承。”5 月 18 日，许传江赴京参加全国“两会”。5 月 22 日，岳家村组织集体收看十三届全国人大三次会议开幕式实况。5 月 26 日，《中国企业报》采访许传江，并刊发题为《全国人大代表、莒县城阳街道岳家村社区党委书记许传江：以发挥基层党组织战斗堡垒作用，建设“三生三美”新时代美丽乡村》的宣传报道。5 月 29 日，山东省疾控中心专家来岳家村考察、座谈，学习公心文化。5 月 30 日，许传江参加“两会”归来，第一时间传达“两会”精神。他动情地说：“‘两会’期间，习近平总书记参加内蒙古代表团审议时说，必须坚持人民至上、紧紧依靠人民、不断造福人民，并要将这种精神和做法落实到各项决策部署和实际工作之中，落实到做好统筹疫情防控和经济社会发展工作之中。总书记的讲话鼓舞人心、催人奋进，只要我们紧密团结在以习近平同志为核心的党中央周围，努力奋斗、扎实苦干，老百姓的日子就会越过越好，中华民族伟大复兴的中国梦就一定能早日实现。”7 月 1 日，岳家村社区举办“庆七一”学习会，许传江作了题为《听党的话不吃亏》的报告。7 月 11 日，岳家村落实社区周例会精神，谷明兰围绕大桃园拆迁谈感受：“有力度就是担当。提升正能量，我们是主体。我们要对标先进，要当实干家，不能当评论家。遇事从自身找原因，工作要有标准和计划。安全生产、消防安全、隐患排查和防汛都是大问题。关于党员巷长工作，要当好‘六员’，随记、随访、随反馈。我们小组长都是党员巷长，要切实担起责任。”8 月 4 日，岳家村社区全体工作人员在许传江带领下到孟良崮参观，学习沂蒙精神，体验红色文化。8 月 22 日，山东省散文学会（莒县）创作基地在岳家村举行授牌仪式，全国政协委员、中国文联副主席郭运德授牌，莒县人民政府党组成员、副县长纪淑霞接受授牌。9月25日，岳家村举办议事学习日会议。许传江说，我们村创建全国文明村，每次复验对我们来说都是更大的提升，这个文明村荣誉，我们受益很多。它代表的层次不一样，含金量很高。讲文明、村风好，对子子孙孙都有好处。打好基础不容易，必须保证“文明之旗”不倒。文明要传承，公心更要传承，党员必须当好旗帜标兵。我们有信心、有决心，推动村经济逐步提升，一年更比一年好。从20世纪80年代到现在，老干部们都一直带头做表率，在这方面，我们都很感激。9月26日，许传江传达周三社区例会精神：学习莒县作风建设办公室关于作风建设突出问题的大讨论。谷明兰就节前安全、社会秩序进行布置时说：“书记要求提升村民幸福指数，保障文明程度，我们要落到实处。关于开支，支部安排我签字，我就要负责，大家也要为开支负责，不能让书记失望。”10月26日，省财政厅党组书记、厅长刘兴云带队到岳家村社区开展了座谈，调研基层“三保”等情况。市委副书记李在武，市财政局党组书记、局长孙运锋，县委书记孟青，县长王霞等陪同调研。11月3日，全国人大代表崔久秀来岳家村走访。11月28日，许传江传达党的十九届五中全会精神，并做党员干部思想辅导工作。要求必须要高质量发展，眼光要放远，干事要实，岳家村也要有自己的“十四五”规划，制订符合村情的宏伟蓝图。

◈ 公心故事一

试金石与磨刀石

岁末年初，面对突如其来的新冠肺炎疫情，岳家村吹响了战“疫”冲锋号。2020 年 1 月 26 日（农历正月初二），许传江接到疫情防控命令，他立即召开社区紧急会议，落实上级政府关于疫情防控的政策及措施，成立疫情防控领导小组并担任组长，设立 30 多个由党员、干部负责的 24 小时检查检测点，全面进入防疫战时状态。

什么是初心使命？什么是担当作为？会上，许传江坚定地说：“同志们，危急关头，要让老百姓有靠头、有盼头、有主心骨。听党的话，跟党走，这是我们每一个共产党员的责任和担当。眼下的疫情阻击战就是践行初心使命，严峻的形势、艰巨的任务是共产党员为民担当作为的试金石与磨刀石！”

面对疫情，许传江压力巨大。因为岳家村社区面大量广，辖区内有 37 家机关企事业单位，9 个村街，8412 户，常住人口 27697 人。而且社区内外来租户多、个体工商户多，又恰逢春节期间，人员流动性非常大。加之，疫情来得突然，多数人对其认识还不深刻，这也是工作难度大的原因之一。

“危机面前，我们必须站出来。”疫情来势汹汹，岳家村社区党员干部时刻绷紧战时状态这根弦，在方方面面都实行了最严格的措施。几天来，许传江一直奔波在抗疫一线，他带头发动社区的党员、志愿者，对社区8000多户、2万多人一一登门走访，不到2天时间就把底子全部摸清，查出社区内从疫区返回人员46人，省外返回300多人，全部落实重点防控措施。

一名党员一面旗帜，一个支部一座堡垒。疫情防控以来，老党员们积极向前靠拢，争先恐后报名参加防控工作，都想贡献一份自己的力量。

“讲公心就要顾大局，这个关键时候，我这个老党员不能蹲在家里，必须带头在检查点值班。”73岁的老党员王瑞平天天坚守岗位。新中国成立前入党的老党员于桂凤说：“有危险党员就要先往上冲，我们共产党员从来不怕困难，我即使不能出力，但还能出点钱。”老党员的“本色精神”时刻鼓舞着大家。许传江以个人名义捐赠人民币1万元，社区的党员干部也纷纷捐款、捐物，居民也自发地义务值班。每天都有居民来到检查点放下几包口罩，提来一壶热水，送上一束鲜花。

以浩宇集团为代表的周边企业也纷纷捐款、捐物。大家互帮互助，众志成城，共同战“疫”。

与此同时，社区对隔离人员实行党员陪护到指定医院制度，返乡人员也由党员护送到隔离点。对居家隔离群众，实行党员包片到户的方式，并提供送菜、送饭上门等服务。尤其是对从疫区返乡的人员，以家庭为单位，实行居家隔离措施，社区党员和志愿者组成服务专班，定期将蔬菜、水果等生活必需品送上门，并且建立了便民服务微信群，只要有需求，在群里说一下，服务专班就马上代办。

疫情无情人有情，危难之时显村风。疫情防控以来，许传江时刻惦记着幸福公寓的老人们。疫情期间，老人们不能到大食堂统一就餐，他主持召开了送饭菜上门专题会议，成立专班，每天专人把荤素搭配、营养可口的饭菜送到老人面前，让老人们安心生活。

“大爷，饭菜送来了，这段时间不方便出门，我们做好了给送来，平时有什么需要，您随时跟我们说一声就行了。”谷明兰每到一家都要嘱咐一番。她说：“老年人是易感人群，我们必须要跟上服务。一些老人年龄大，腿脚不灵便，加上疫情不能集中用餐，我们就多跑跑腿，给他们送到家，这样更安全。”照料老人专班的每一位成员都不辞辛苦，他们用实际行动为老人们撑起了“保护伞”，用“大爱”筑起了坚实的堡垒，全力以赴当好老人的健康守护人。

正月初十，社区接到紧急通知，日照市发现一名确诊患者乘坐公交车到莒县，需要马上排查。疫情就是命令，接到通知，许传江马上召开社区党委紧急会议，不到 10 分钟，社区“两委”成员全部到齐，大家立即按照要求展开排查。社区党委委员刘存全说：“疫情防控刻不容缓，接到命令就必须用最快的速度执行，我们快一秒，群众的安全就多一分。”“越是艰险越向前，党员在前，群众心安！”这是疫情防控期间，许传江天天讲的话。疫情防控阻击战期间，社区的广大党员干部始终奋战在第一线。许传江今年 65 岁，虽然年龄大了，但他的精神风貌和战斗意志丝毫没有减弱，只是本来就稀少的头发又掉了不少，白头发也增加了很多。

◆ 公心故事二

建设“三生三美”新时代美丽乡村

2020年5月18日，许传江赴北京参加全国“两会”。“两会”期间，无论是作报告还是参加讨论，许传江总是积极参与。在接受《中国企业报》记者采访时，许传江激动地说：“我认为，办好农村的事，关键在党的领导。在建设‘生产美、生态美、生活美’的新时代美丽乡村进程中，必须充分发挥基层党组织的战斗堡垒作用，以党的建设统领各项工作。疫情发生后，我们岳家村社区党员干部积极响应习近平总书记的号召，冲锋在前，坚守社区‘第一道防线’。疫情期间党员素质和服务水平都得到了提高，党组织的凝聚力和战斗力明显提升，老百姓把党组织当成靠山，真切地感受到了党的温暖。”

火车跑得快，全靠车头带。农村基层党组织是实施乡村振兴战略的“主心骨”，是打赢脱贫攻坚战的领导者、组织者，是建设新时代美丽乡村的落实者。许传江对记者说：“我们山东省各级党委、政府高度重视基层党组织建设，省委、省政府制定了《山东省党的基层组织建设规划纲要》。日照市委、市政府开展了农村和城市基层党建‘全面提升年’活动。莒县每年都评选表彰乡村振兴‘领头雁’，获评者每月增发800元到1000元的奖金，并进行动态管理，形成淘汰机制。对一个支部书记来说，钱虽然不多，但这是党委、政府和老百姓对他工作的肯定，会让人打心底里感到自豪。为提高农村干部待遇，从今年开始，日照市委、市政府将农村干部基本工资报酬和业绩考核奖励报酬比例，由原来的4:6调整为6:4，工资总额高了不少，而且还将原来年底一次性发放的方式改为和公职人员一样每月发放，这更加调动了大家干事创业的积极性，增强了农村干部岗位的吸引力，提升了农村党支部的组织力和落实力，我认为，这也是建设过硬党支部的基础性工作。”

关于《政府工作报告》中指出的“六保”是今年“六稳”的工作着力点，许传江介绍，山东采用省、市、县领导“四不两直”的基层调研方式，深入到农村、社区一线，走村入户，和群众坐在一条板凳上，拉家常、话发展，共谋乡村振兴和脱贫攻坚策略，这种务实的作风，带动了农村干部作风的转变。例如，日照在全市建立了由产业扶贫、金融扶贫、低保助力扶贫和老年人补贴等共同支撑的收入保障体系，建档立卡贫困户年平均收入达到了1万多元。莒县县委、县政府在全县农村部署开展“弘扬公心精神推动乡村振兴”专项行动，聚焦各类历史尾欠、不规范合同、多占宅基地及空闲地等突出问题，弘扬公平、正义，公心处理遗留问题，全面托清了农村债权债务底子。一年多时间，全面规范了各类经济合同，清理到期土地1.5万余亩，化解各类矛盾纠纷5647起，为乡村振兴奠定了坚实基础。

“时刻铭记为人民履职、为人民用权的使命。”许传江说，“作为一名人大代表，我的价值就在于努力干事创业，提高老百姓的幸福指数，只有这样才能不辜负组织的信任和群众的支持。

“今年我一共把4个建议带到了‘两会’，希望能够传递基层声音，为老百姓多谋一些福利。一是关于让社区居民‘老有所养，老有所乐’的建议。二是建立长效机制，发展新型乡村医生，推进乡村医生‘岗位职业化’和‘资格医师化’。此外，建议建立城市医生下乡服务制度，补充和发展乡村医生队伍。三是加强乡村治理体系建设。加强乡村治理体系建设，是国家治理体系和治理能力现代化的重要组成部分，也是实现乡村全面振兴的重要基础，建议在推进乡村治理体系和治理能力现代化过程中，充分发掘和弘扬公心精神。四是建议‘将莒县纳入全国乡村治理试点县’。我认为，如今农村社会结构深刻变动，农民的思想觉悟发生了深刻变化，农民的诉求也日益多样化，迫切需要加快乡村治理建设。近年来，莒县将公心教育与乡村治理紧密结合，在实践中逐步构建完善新时代乡村公心善治模式，有力地推动了经济社会发展。所以，我建议‘将莒县纳入全国乡村治理试点县’，是希望通过建立健全公心精神弘扬制度，推进村民自治、德治和法治教育的‘三治融合’，破解新时期农村难题。与此同时，坚持以公心选拔农村领头人，以公心凝聚乡村振兴人才，为中国特色社会主义乡村善治之路探索新路子，创造新模式。”2020 年 5 月全国“两会”上，许传江认真履行职责，建议既中肯又贴近实际。

“离开了人民大会堂，并不是代表履职结束，我将把这次会议精神深入贯彻落实到各项工作之中，充分发挥人大代表的作用，带头学习宣传贯彻落实两会精神，深入调查研究，积极建言献策。立足本职，继续在自己的工作岗位上带领大家扎实苦干，认真践行公心文化，努力发展壮大集体经济，深入探索新时代乡村治理‘善治’的路子，为老百姓做更多的实事、好事，为打造乡村振兴齐鲁样板贡献‘岳家村做法’，以实实在在的成绩赢得群众的好口碑。”谈到未来，许传江信心满满。

从北京回来之后，许传江几乎没有停下来休息。他认真整理开会体会，第一时间在社区召开会议传达“两会”精神和习近平总书记的重要讲话，与大家分享会上的所见与所闻。

◆ 公心故事三

村干部队伍里的“空降兵”

要说这个“空降兵”，他还真是一个兵，他的名字叫许崇锋。2002 年，许崇峰服役期间回家探亲，适逢岳家村铺筑街巷大道。他放下背包，挽起裤脚就加入了这支劳动大军。一干就是 30 天，直到要返回部队的前一晚才在家里与父母吃了一顿饭。从那时起，他就坚定了退伍后回来为父老乡亲服务的信念。

他后来果然也实现了当时的想法，他现在是钱家村党支部书记。

前些年，钱家村一直处于班子软、支部散的状态。由于存在宗族矛盾，村民明争暗斗，选举不成功，干部轮流当，穷得叮当响，是个老大难村。2016 年，许传江与社区党委一班人通过深入走访调研，认真分析研究，决定对该村进行大刀阔斧的整顿。

许传江明白，要破解钱家村的难题，必须首先从抓党建、强班子入手，让村里的党员有存在感和归属感。但是，由谁来当这个支部书记呢？对此，社区党委决定打破村界，调兵遣将。经过反复讨论，这副重担落在了许崇锋的肩上。

服从组织安排，面对困难责无旁贷，许崇锋怀着“一颗公心亮到底，脚踏实地解难题”的信念，临危受命，担任钱家村党支部书记。

在钱家村党支部第一次全体党员大会上，许崇锋首先表明了态度：“我完全服从社区党委的安排，从今天起，我就是咱钱家村的一名村民和一名普通党员。我没有三头六臂，但我有一颗公心，也希望每一位共产党员都能把公心亮起来。公心向党，公心为民，以公心的力量解决问题，推动发展。”

从此，钱家村的党员大会、支委会、党小组会及每月的“议事学习日”转入了正轨。与此同时，村党支部还建立了“支部 + 小组”管理模式，通过一系列的学习和讨论，既实现了思想的高度统一又明确了每个小组、每名党员的责任。如，汛期来临，村里成立应急小组，由党员干部任组长，24 小时值班，守护百姓安全，这在过去的钱家村是从来没有过的。党员带头，群众也自发参与进来，干群关系更加融洽。再如，村里有 3 名年迈的老党员，由于身体原因不能参加党组织活动，每次党组织会议和“议事学习日”结束后，许崇锋都是亲自或者安排别人带着会上学习的文件和会议记录登门到几位老党员家中进行传达。有一次，92 岁的党员老穆拉着许崇峰的手说：“我的党费今年还没交呢，咱们几时交党费啊？这次你给我捎着交上吧。”

解开了疙瘩，打通了心路，村风正了，党支部班子强了，钱家村人迈出了加快发展的步伐。在环境治理集中活动中，村“两委”班子成员身先士卒，不分昼夜，共拆除违章建筑物 1590 平方米、广告牌 19 处，整修绿化面积2100平方米；为方便村民出行和娱乐，村集体投资30多万元硬化了部分路面，安装了广场健身器材及高清摄像头，老百姓的安全感、获得感、幸福感越来越强。

从穷得叮当响的“空壳村”到村集体累计收入快速增长，钱家村发生了史无前例的变化。在许崇锋的带领下，几年来他们借势发展，顺利完成了棚户区改造，建起了20栋居民楼，开发了沿街商铺、出租租赁场所。同时，圆满完成了海汇新能源、青岛路小学的储备地拆迁及服务万和城、县第七小学等大项目落地。为进一步发展村集体经济，该村还成立了钱家村股份经济合作社，到2019年底，村集体收入达到了647万元。

党的建设、公心的力量使钱家村“脱胎换骨”，实现了质的飞跃。这不仅仅是村集体经济及村民收入的增长，更代表着村里党组织的堡垒作用和全体党员的模范带头作用发挥出来了。焕然一新的钱家村甩掉了落后村的帽子，驶入了加速发展的快车道。

◆ 公心故事四

沭河岳家村公心文化及其他

古老的莒城，从浩荡的历史中走来；多姿的沭河，从美丽的传说中流过；依城傍水的岳家村，从漫漫荒芜中嬗变。

沭河，发源于沂山南麓，自莒县碁山镇陈庄村入县境，经安庄等13个乡镇到夏庄镇赵家孟堰村东南出境，境内段长76.5公里，流域面积

1718.4 平方公里，占全县总面积的 88%。生生不息的沭河是莒县人民的母亲河，是莒州大地的灵气所在。千百年来，沭河之水滋润着肥沃的莒地，养育着勤劳淳朴的莒人，孕育了恢宏灿烂的莒文化。时至 20 世纪中叶，在岳家村东南方向（一公里）的沭河河床，陶文出土，石破天惊。一个比甲骨文还早 1500 余年的“旦”字成为中华汉字最早的发现，把东夷文化上推到 5000 年前。“旦”字的价值不仅在于它字面的含义，更在于它诠释与佐证了东夷文明的由来和脉络，厘清了那个幽远玄妙的活水源头。

这是一个流传下来的故事，在很久以前，岳家村岳氏女儿大年夜去河边取水，提灯看时，其水湛蓝，以白布试之，染蓝且不掉色。母亲命其再取，水已澄清，这就是“沭水掩蓝”故事的由来。“沭水掩蓝”虽是个美丽的传说，却足以可以证明沭水之清。20 世纪 40 年代后，岳家村人拥护中国共产党的领导，斗地主，分田地，踊跃参军；烙煎饼、做布鞋，筹款、筹物支援前线，留下了村妇保护子弟兵救伤员、民兵勇敢炸碉堡等革命印记。新中国成立后，岳家村人开始组织起来，响应国家号召走合作化、人民公社化道路，筑路修渠，压土治沙，整修田地，引进良种，科学种田，踊跃交售爱国粮。1978 年 12 月，党的十一届三中全会的春风滋润了中国大地，激发了岳家村父老乡亲立足传统技术优势、大力发展手工业的干事热情。但是，由于基础差、底子薄、“脏、乱、差、穷、偷”的村情依然存在，此时的岳家村人亟须一个能够带领他们发家致富的当家人。

1984 年，年仅 29 岁的许传江走上了村党支部书记的岗位。

为了实现“有饭吃、有活干、一碗水端平”的愿望，许传江殚精竭虑，任劳任怨地拼搏着、奋斗着。

“合抱之木，生于毫末；千层之台，起于垒土。”今天的岳家村，生活富裕，文明和谐。从21世纪初，岳家村借着城镇化发展的东风，大力发展“楼宇经济”，先后建起了学校、医院、商场、酒店、写字楼等，这些项目已成为村集体的主导产业，提供就业岗位2500多个，以收取租金的方式实现集体收入“活水长流”。到2020年底，村级固定资产已达6.5亿元，年度集体总收入3800万元，人均收入3.25万元，全村各项工作走在全县前列。公心成大业，文明促和谐。走进岳家村，公心文化的气息扑面而来，公心的力量昂扬向上。

著名学者博纳德·奥斯特利说：“文化，无论我们怎样给它下定义，都是我们所做的和所想的每件事物的中心；文化是我们的环境和我们适应环境的方式，是我们已经创造的世界和仍在创造的世界，是我们看待世界的方式和促使我们改变世界的动力。”广义的“文化”是指人类在社会历史发展过程中所创造的物质财富和精神财富的总和。无论是物质文化、精神文化，还是制度文化，其核心都是社会价值体系中起主导和支配作用的价值观。正如我们倡导践行的“富强、民主、文明、和谐；自由、平等、公正、法治；爱国、敬业、诚信、友善”的社会主义核心价值观，从国家、社会、公民三个层面勾画出了人生奋斗的梦想之舵、中华民族的精神之钙、当代中国的兴国之魂。文化建设的核心任务是“化人”，而“文化化人”不是用单纯的规章制度从外部限制人的言行，而是提供一种无形的道德规范，从内部塑造人的心灵，使人在没有外部监督的环境下，都能自然主动地规范做人做事，此乃内化于心的行为自觉。从讲公心到公心文化的形成与发扬光大，岳家村人走过了40年的探索、追求、践行之路，形成了以"公心向党、公心为民、公心处事、公心律己"为主要内容的公心文化体系，并结出了丰硕成果。

◆ 公心故事五

一场别开生面的公心文化座谈会

2020年11月15日，星期日。

天空晴朗，暖意融融。镶嵌在岳家村办公大楼上方的"公心成大业，民主促和谐"10个红色大字熠熠生辉，格外耀眼。上午8点，公心文化座谈会开始，参会人员是：许传江、刘庆贺、许家善、孟凡金、谷明兰、武传苹等同志，会议由梅继聪记录。这是应我提前之邀举行的一场座谈会。

首先，我们一起重温了一遍《公心誓词》：我宣誓，我是一名中国共产党党员，我将坚定做到公心向党、公心为民、公心处事、公心律己，始终听党话跟党走，始终与群众心连心，始终"一碗水端平"，始终维护廉洁形象，不忘初心、牢记使命、敢于担当、狠抓落实，不负党和人民重托，为打造"一强三名"建设富强、美丽、幸福新莒县贡献力量！

我先说："在采访、撰写《'公心节'日记》的过程中，我时常被感动，今天劳请各位再给我提供一些宝贵的素材及建议，进一步开阔视野，丰富内容。"

许传江说："其实，岳家村人的大局观从来就有，战争年代踊跃参战、积极支前的革命故事里就孕育着公心，这是传承。再就是我们村的老干部于桂凤老人，她是我们村年纪最大的新中国成立前入党的老党员。她原则性强，处处带头，她是我们的标兵、我们的榜样。我刚上任时，心里忐忑不安，乡亲们给提出的三个要求中‘一碗水端平’就是我对公心最朴素的理解，既然答应了乡亲们，就必须做到。你想，如果办事不公平，老百姓就不会拥护你。所以，我在第一次党员大会上就坚定地表态，我从自己做起，一定带头公平办事，带领群众过上好日子。”

向往美好，人之初心；追逐梦想，精神豪迈。岳家村人在前行的路上有苦也有甜，奋斗不止。

“万事开头难，记得传江书记刚上任的时候，我还是村委主任，当时村集体的账上还有 7000 多元的债务。但是，为了上副业项目，我俩一起以村委会的名义去东关街向一位好朋友借 5000 元钱。本想着是可以的，结果却是高高兴兴地去，垂头丧气地回。人家这理由那理由应付着我俩，最后听明白了，绕来绕去一大圈，借给个人行，但不借给岳家村集体。回来的路上，传江和我说：‘唉，人穷了不是人，村里穷了，干部也不是干部啊！’刚开始，我和书记去县里开‘三干’会，中午没有地方去，也无人搭理，都是因为穷呀！过了几年建学校的时候，村里想通过银行抵押贷款 300 万元，但银行只给放了 150 万元，无奈，传江又跑去南关二街的朋友那里借了一些，还是镇里做的担保，但怕我们还不上，没几天人家就催着要回去了。”许家善的这番话，让大家沉默了。

“穷不可怕，怕的是没志气！”谷明兰站起来继续说：“就在我准备结婚的时候，亲戚家人都劝我，你嫁到岳家村去汆泥呀还是去吃沙呀？傻透了吧！但我就不信这个邪，毅然来了。现在想想，穷有穷的原因，富有富的门道，现在的岳家村人都享受到了公心带来的幸福。在老年幸福公寓的日子里，我从每位老人的言谈举止里都看到了那种满足和幸福。我想，一定要珍惜工作机会，继续好好干，干出更大价值。”

“听说当初村里小偷小摸白天晚上不消停，那时你们是怎么治理的？”我冷不丁又问了一个问题。

“以教育为主，该打就打该罚就罚，树正气没余地。今年在北京参加‘两会’讨论《民法典》时，我这种体会很深。”许传江说得很干脆。

“穷则思变”，有的在变中退缩，但有的在变中崛起，这种各有其果的格局也是常理。

刘庆贺说：“现在看来，公心文化的形成与发展，既是时代变革的产物，也是中国特色社会主义理论发展的结果。我参加第一届‘公心节’的时候，脑子里就记住两点，第一是心怀‘大公无私’的想法，第二是看中了老许在实践‘大公无私’中的情怀与行动。那时，讲公心就已在实践中体现出来了。”

“起初没想那么多，只想有饭吃、有活干，千万别叫老百姓失望。”许传江说。

“为了摘掉贫穷、落后的‘帽子’我们讲公心，这说明了我们当干部的思想很清纯，志存高远的情怀不简单，令人感动。那么，致富路上的公心又是怎么讲的呢？”我说。

许传江说：“公心向党这是坚定不移的，而公心处事却不是一帆风顺的。这些年的实践证明，在个人利益面前，自私的一面不是过去存在、今天存在，我认为将来依然存在。但是，要把‘公’与‘私’的关系处理好，弘扬‘公’字当头，这才是我们工作的出发点和落脚点，要不正气从哪里来呀！”

“讲公心，一碗水端平就要吃气。”许家善接着说：“我们的发展都是书记领着大家吃亏、吃苦、吃气吃出来的。永远忘不了那年春节的窝囊事，我家大门上被贴上了烧纸，书记家门口被插上了柳枝，你说气不气？其实，我们也知道这是谁干的，就是那几个想占集体便宜却没占着的人。我们没打击报复，反倒是把这事摆到会上作为案例讲给大家听，让大家知道公心处事确实不容易，坚定讲公心的信心。”

涓涓沭水有源头，公心文化滋养人。

“我觉得公心文化在于它的现实价值，与之相应的中华传统文化发展必须与时俱进、创新发展，打造出‘公心文化’的新天地！”刘庆贺说。

武传苹这时激动了，“说心里话，虽然对公心文化的宣传自己尽心尽力了，但是，深层次的理解和展示还不够。怎么深入实践公心文化、总结公心文化、弘扬公心文化，这都是摆在我们及全体村民面前的重大课题。我一定会努力，因为这是我们岳家村人的宏伟事业。”

“时代不一样，文化发展不一样，文明表现也不一样。事实上，公心文化形成之初，是从个人、小家、大家、全村的点滴做起的。当上支部书记，其中一个忧虑始终缠着我，那就是家教、村风，就像前面说的‘偷’吧，这件事很丢人，所以，我把它列为‘头号工程’进行整治，一段时间就见效果了。当时我就想，岳家村虽然姓氏多，但这是个大家庭，每家的事做好了，全村就安稳了。那时，我对村‘两委’干部就说，当干部，只孝顺自己的父母不叫孝，自己过上好日子不叫好，必须有‘全村是一家’

的想法。一个家庭，毁掉孩子的不是别人，而是亲生父母，知识受限是一个方面，但更要公平、公正，每一个家庭成员都讲公心了，就和谐了，事情也就好办了。同样，一个村庄的成与败，关键是村干部的担当与作为，必须做到对村民不离不弃，与村民同甘共苦。如果你把当干部作为捞钱的工具，那就完了，彻底完了。”许传江的一番话分量十足。是的，身正为范，小到一个家庭大到一个国家，公心就是民心。

“采访中有不少人说，岳家村从村治到法治的过程也不容易，怎么理解呢？”我问。

许家善接话说：“其实很简单，那就是公心改变了人的习惯。因为村规、民约是公心，国家的法律、法规是公心，只要每个人都守规矩、讲法律了，那就什么事都好办了，这也是公心文化很重要的一方面。”

“话说回来，从讲公心到弘扬公心文化，这是一个循序渐进的过程，这个过程中有酸楚、有成功的喜悦也有困惑。比如说，我们一开始提出‘公心流芳’就遭到了不少质疑，本村的、社会上的都有。因为那时村里既没有大的业绩也没有明确的思路，有看法都可以理解，但是，我们后来做到了，这个成绩应该是及格的。我坚信，我们追求的‘公心流芳’的宏伟梦想会继续下去，我们会做到让老百姓更加满意，那才是我们共产党人讲公心的初心、使命。”忆往昔峥嵘岁月，刘庆贺的深切愿望，也是我们让公心文化发扬光大的向往。

一个公心书记，一套公心班子，一支庞大的公心队伍，这是攻无不克、战无不胜的巨大力量。在谈到团队建设时，许传江说：“一说讲公心大家就说我个人，其实片面了。岳家村公心文化的形成与发展是上上下下齐心努力的结果，就拿团队来说，党的基层组织建设和全体党员的不懈奋斗是改变面貌的根本。这么多年，村‘两委’牢牢把握政治站位，发扬艰苦奋斗精神，都是埋头苦干的实干家。像‘账目清’的许衍升、‘红管家’刘智宝，还有王美建、刘乾刚等人，他们虽然抛头露面少，但却公心、公道处理每一件事情，每个人都了不起。”

一公天下无难事，心底无私天地宽。在岳家村的创业历程中，时时刻刻闪耀着公心的光辉，这既是对实施乡村振兴战略的有益探索，也是对公心思想的不懈追求与具体实践，更是对新时代共产党人不忘初心、牢记使命、心里装着人民、一切为了人民的深入解读。

“这些年来在村‘两委’的带领下，岳家村的村级经济积累越来越雄厚，村民收入也连年增长，您对全村‘富有’、家家‘富裕’的现状是怎么看的？”我又问。

“也有人问过这个问题，要说岳家村最大的变化和成绩，我觉得不是村里的经济总量多么高和村庄建设得多么好，也不是获得了多少荣誉、受到了多少表扬，而是创造了党员干部群众争当先进、润物无声的公心文化。”许传江肯定地说。

“这些年来，我深深地感受到讲公心在岳家村人的心里是至高无上的追求；践行公心，是父老乡亲的共同奋斗目标。公心无价，公心崇高，我们都是公心文化的践行者，对公心文化的探索、提炼、升华，我们公心文化研究会的工作任重道远。”刘庆贺表示。

公心，承载着对信仰的坚持、对初心的坚守。岳家村人正是靠着这份坚持，克服了一个又一个困难，开辟了一个又一个新天地；正是靠着公心的力量在发展的征途上阔步向前，收获了一个又一个丰硕成果，书写了一个又一个壮美篇章。

1978年12月，十一届三中全会的春风滋润了中国大地。小岗村的红手印、莱西县的基层党组织建设，顺应了那个时代人民群众的意愿，开辟了改革创新的新局面，谱写了农村基层党组织建设的壮美诗篇。强化农村基层党组织建设，提升乡村治理水平，一直是党中央关心的大事。时代在变革，历史在前进，今天，站在“两个一百年”的历史交汇点上，岳家村的公心文化实践为新时代农村基层组织建设打造了标杆、创造了经验，成为宝贵的财富。

“这些年来，您应邀做过很多次报告，广泛传播、诠释公心文化，在这个过程中，公心思想也在不断地丰富和提升，您能不能再谈一下公心文化在农村基层党组织建设的重要性。”我再次发问。

“公心向党，公心为民，这是农村基层党组织及每一位共产党员的天职，这个责任是历史的更是现实的。实施乡村振兴战略，推动乡村组织振兴，打造千千万万个坚强的农村基层党组织，培养千千万万名优秀的农村党组织书记，公心具有蓬勃向上的感召力和凝聚力。人家邀请咱作报告，这是对岳家村人的尊重也是对公心文化的崇尚，所以我义不容辞，认真对待。我的信念是凡是党需要把公心文化传播、发扬到的地方，我就责无旁贷，时刻准备着。公心就是初心，把公心精神代代相传，弘扬光大，不是一朝一夕的事，我们还有很长的路要走！”许传江的话铿锵有力，掷地有声。

新阶段，新愿景，“公心节”再出发。

结束语

沭水清清，阳光灿烂。2021 年是农历辛丑牛年，习近平总书记在 2021 年新年贺词中提出，要大力发扬“为民服务孺子牛、创新发展拓荒牛、艰苦奋斗老黄牛”的精神。“孺子牛”“拓荒牛”“老黄牛”，是家喻户晓的美好形象，是底蕴深厚的文化意象，蕴含着中国人民自强不息、砥砺奋进的精神密码。习近平总书记用中华传统文化中十二生肖的动物形象，生动展现出中国共产党的为民初心和中华儿女的奋斗精神，而这恰是极不平凡的 2020 年里中国人民砥砺奋进的鲜明印记。

阳春三月的早晨，我漫步在美丽的沭河河畔，思绪万千。向东眺望，屋楼春晓，这里已成为激扬着无限活力的莒东新城；放眼西望，华表银杏，莒国文化，源远流长，莒国古城的大门即将开启，莒文化的浓郁风情迎面扑来，多少年、多少代莒地人的梦想即将实现。还有，岳家村第二十一届“公心节”必将再上新高度。祝福岳家村人，祝福所有人。

后　记

路遥知马力，日久见公心。我知道岳家村是从1988年开始的，这在《想起那条泥泞的路》的文章里已有表述。2015年1月，《中国作家》刊发了我撰写的报告文学《公心谱》，这篇文章能在国家级刊物上刊发，我很激动。我当时就想，这不是自己写得好，而是选题好、内容真实。讲公心是我们践行社会主义核心价值观的要求，公心是农村基层党组织建设的基础和总抓手，公心在乡村振兴国家战略中至关重要。传播公心也是我践行社会主义核心价值观的一份责任，这是一名共产党员义不容辞的职责。于是，我不由自主地写下了《“公心节”日记》这个题目，从那时起便开始了深入细致的采访和调研。

“公心节”是党群手牵手、心连心实现乡村振兴的重要节日，所以我拟定的撰写架构和立意定位是，“公心节”是公心文化的表现形式，公心纪事是公心文化的具体实践，公心故事是公心文化的支撑。前后贯通，揭示公心人、公心事、公心文化的价值。

首先，扩大采访范围，广泛征集资料。公心人、公心事、公心文化都是在党的农村基层组织建设和乡村振兴战略的实施中涌现出来的。一个人、一个群体、一种昂扬向上的文化引领，经过几十年的艰苦奋斗、不懈追求，打造出了社会主义新农村建设之岳家村样板。在这里，许传江是典型，岳家村“两委”干部做出了榜样。众人拾柴火焰高，岳家村的父老乡亲听党的话、跟党走，他们每一个人都有各自的公心故事。对此，我摆脱了原来只采访村干部的局限性做法，扩大采访范围，形成的资料越来越多。同时，把这些年来四面八方对岳家村的宣传材料及相关资料进行了收集、梳理，让公心文化有了更加清晰的发展脉络。

其次，紧贴主题，讲述故事。20年、20届、20个主题，每一届“公心节”的主题都是在党的路线、方针、政策指引下，紧跟时代步伐，结合社会发展和上级党委、政府的工作要求提出来的。每一个主题都与时俱进，求真务实，特点鲜明，目标明确，使“公心节”届届有成果、年年有提升。基于此，我在撰写中会先理解透主题的精神及内涵，再将与主题关联密切的事件与故事进行归类、归位，力求揭示公心文化在向纵深发展过程的循序渐进。

有种说法叫“故事里的故事更精彩”，岳家村人的公心故事虽然不是那种撼天动地的大事件，但都是有滋有味的工作与生活细节的呈现。岳家村人践行公心、弘扬公心文化的故事层出不穷，每一个故事都是一道亮丽的风景线。正如许传江经常说的“群众利益无小事，把每一件小事做好了，大事也就干成了”，因此我注重从过程中找细节，从小故事里追寻公心文化潜移默化的育人功能和凝聚人心的巨大力量。

另外，深刻理解，把握主流。“公心节”上，村干部在台上述职中不遮丑、不护短，这种襟怀坦荡、实事求是的工作作风是非常可贵的。村民现场质询和干部现场答复都是围绕发展和生活中的现实事项，面对面的对话，心与心的交流，一点也没有隔阂，毫无顾忌，这是“民主促和谐”在公心文化中的具体体现。我时常想，写这本书的目的是什么？我们为什么要讲公心？我们应当怎样自觉地践行公心精神和弘扬公心文化？随着“公心节”主题的不断变化与提升，特别是历届莒县县委、县政府领导的高度重视，将公心文化作为全县各级党组织建设的重要内容、大力推广、深入践行，公心文化在莒县真正做到了开花、结果。

2021年是中国共产党百年华诞。百年征程波澜壮阔，百年初心历久弥坚。以习近平同志为核心的党中央领导全国各族人民为实现第一个百年奋斗目标奋勇拼搏，实现了全面建成惠及14亿人的小康社会的宏伟目标，在这个基础上，开启全面建设社会主义现代化强国新征程，向第二个百年奋斗目标进军。在新阶段、新征程，社会主义新农村要实现“产业兴旺、生态宜居、乡风文明、治理有效、生活富裕”乡村振兴战略的总要求，坚强的农村基层党组织不可或缺，而讲公心、议公心、评公心，弘扬公心文化在农村基层党组织建设中的地位和作用又十分重要，以公心的力量推动乡村振兴，前途光明，任重道远。

新起点、新目标，唯愿公心文化的旗帜高高飘扬。

本书在编写过程中得到了日照市、莒县组织、宣传部门的大力支持，岳家村“两委”办公室的同志悉心提供相关历史资料，莒县公心文化研究会会长刘庆贺同志予以指导并写序言，在此一并感谢。同时也向所有被采访者及参加不同类型座谈会的同志、向被引用文字的作者同仁深表谢意。

由于本人写作水平有限，表述不当之处，敬请大家批评指正。

2021年3月